本书获得国家社科基金项目（16BJY170）的支持

我国小微企业网络融资风险管理

陈加奎　等　著

ENTERPRISES

RISK MANAGEMENT OF
ONLINE FINANCING FOR MICRO AND
SMALL ENTERPRISES IN CHINA

经济管理出版社
ECONOMY & MANAGEMENT PUBLISHING HOUSE

图书在版编目（CIP）数据

我国小微企业网络融资风险管理/陈加奎等著．—北京：经济管理出版社，2022.6
ISBN 978-7-5096-8527-3

Ⅰ．①我…　Ⅱ．①陈…　Ⅲ．①互联网络—应用—中小企业—企业融资—融资风险—研究—中国　Ⅳ．①F279.243-39

中国版本图书馆 CIP 数据核字(2022)第 099612 号

组稿编辑：高　娅
责任编辑：高　娅
责任印制：张莉琼
责任校对：王淑卿

出版发行：经济管理出版社
（北京市海淀区北蜂窝 8 号中雅大厦 A 座 11 层　100038）
网　　址：www. E-mp. com. cn
电　　话：（010）51915602
印　　刷：唐山玺诚印务有限公司
经　　销：新华书店
开　　本：720mm×1000mm/16
印　　张：12.75
字　　数：208 千字
版　　次：2022 年 10 月第 1 版　　2022 年 10 月第 1 次印刷
书　　号：ISBN 978-7-5096-8527-3
定　　价：98.00 元

序　言

一、项目研究计划的执行情况

计划研究时间为2016年6月至2019年6月，由于涉及调查问卷回收率较低的问题，对最初的问卷调查方式进行了变更，只能进行问卷的实地发放和现场填答，加之全球性疫情的影响，导致问卷调查的周期发生较长时间的变化。

（1）初期准备阶段。2016年6~10月，组织课题组成员召开会议，讨论课题研究的基本理论框架，并咨询有关专家论证，进一步深入和细化研究框架。

（2）资料收集、整理阶段。2016年11月至2017年6月，收集资料、研读文献，整理分析，并形成资料汇编；2018年7月至2019年3月，进行实地调查并整理分析相关资料。

（3）主要研究阶段。2019年4~12月，按照分工安排课题组成员开展子课题研究，撰写阶段性研究报告，并定期交流研究成果、跟踪补充相关内容的实地调研，初步完成研究报告。

（4）成果发布阶段。2020年1~12月，课题组成员对研究报告进行讨论、修改，完善著作稿件，并由负责人总纂研究报告、定稿；2021年6月提交结题。

二、成果研究内容及方法的创新程度、突出特色和主要建树

1. 主要研究内容

（1）我国小微企业发展现状分析。本书依据企业仿生学理论采用问卷法，以广东、浙江、天津等15个省市的小微企业作为调查对象，随机发放问卷10000份，回收问卷3679份，剔除无效问卷，共获取有效调查问卷1323份。利用统计

方法对小微企业在管理、融资、营销、创新等方面的问题进行分析。研究结果显示：我国小微企业的主要特点是数量众多、规模偏小、技术含量相对偏低；融资约束、人才缺失、创新能力不足是制约小微企业成长的主要因素；法律环境、财税政策环境、行业政策、金融政策、区域政策以及社会化服务体系等落实不到位也是影响小微企业成长的重要外部环境因素。

（2）我国小微企业的成长研究。企业集群合作程度对中小型科技企业的成长起到至关重要的作用。本书利用复杂系统理论探讨企业集群内部技术合作、信息交流、人才流动和商业贸易间的关系，探索企业集群内部综合的合作程度对中小型科技企业成长的影响机理。数据分析结果表明，企业集群内部各要素（技术合作、信息交流、人才流动和商贸关系）之间存在相关性，且企业集群合作程度的高低对企业成长有显著的非线性影响。

（3）网络融资对小微企业融资约束的影响研究。本书基于制度和关系视角，深入剖析金融环境和政企关系在网络融资与中小企业融资约束关系中的作用机理，即将金融环境和政企关系逐步纳入网络融资和融资约束的概念模型中。在此基础上，基于2645家中小企业的大规模调研数据，本书研究结果表明：网络融资对缓解中小企业融资具有积极作用，但存在一定的适用条件，即随着金融环境的逐渐完善，网络融资对中小企业融资约束的缓解作用减弱。同时，随着政企关系的改善，网络融资在缓解中小企业融资约束中的作用进一步被抑制。

（4）小微企业网络融资模式及风险形成机理研究。本书主要探索小微企业网络融资典型的三种模式：网络众筹融资模式、P2P网络借贷模式、基于大数据的小额贷款融资模式，本书以CAS为视角分析上述三种模式的网络融资流程，探索其复杂性特征，为网络融资主要风险要素的识别和分析奠定基础。本书揭示了网络融资风险形成来源，分为外部环境风险、融资平台风险（包括第三方融资担保机构风险和第三方支付平台风险）、贷款方风险、借款方风险，在此基础上构建了不同风险来源的关系结构模型，阐释了网络融资过程中关键风险要素的内在风险形成机理，构建了网络融资风险形成机理理论模型。

（5）小微企业网络融资风险评价指标体系构建及指标权重确定。本书涉及的主要风险要素包括五个方面：政策法律环境风险、行业市场环境风险、融资平台风险（包括第三方融资担保机构风险和第三方支付平台风险）、贷款方风险、借款方风险。构建网络融资风险评价指标体系主要目的是评价小微企业网络融资风险状态。本书首先采用层次分析法确定了指标权重，指标权重的高低反映对小微企业网络融资风险影响程度的大小，确定指标权重就是找出其对小微企业网络融资风险影响程度深、影响范围广的指标进行重点分析。在小微企业网络融资风险评价系统因素分析的基础上，本节应用系统分析“定性与定量相结合的综合集成的方法”，针对小微企业网络融资风险评价的特点，对评价指标进行量化，指标的定量化对企业危机状态的模糊综合评价奠定基础。

（6）小微企业网络融资风险的动态评估。小微企业网络融资风险源于企业外部环境和内部自身条件的变化，表现在企业外部环境、内部条件与小微企业网络融资风险管理目标的不和谐上，对小微企业网络融资风险的评估、识别和诊断必须建立在对小微企业网络融资风险形成机理、表现征兆、小微企业网络融资风险评价指标体系以及小微企业网络融资风险管理目标详细分析的基础上，小微企业在其发展过程中的某一时点对小微企业网络融资风险的评估与识别采用相对静态的方法。小微企业在融资过程中，其面临的外部环境和内部条件都会随着时间的推移不断发生变化，这些变化的相互作用引起要素间新的不和谐，导致小微企业网络融资风险的产生，对于小微企业融资过程中由于风险因素变化引起的企业融资风险的评估与识别采用动态的方法。我们首先对我国小微企业 2016 年这个时点上的风险状态做静态评估，对 2020 年的融资环境和内部条件的变化对风险状态的影响进行动态评估，然后分别对 2017 年、2018 年和 2019 年的风险状态进行评估，结果显示：小微企业网络融资风险状态有逐年增大的趋势。

（7）小微企业网络融资风险模糊综合评价结果分析。经模糊综合评价结果分析：一级指标对总目标的影响程度依次是：贷款方风险（权重：0.2881）>政策法律风险（权重：0.2666）>借款方风险（权重：0.2559）>融资平台风险（权重：0.1171）>行业市场风险（权重：0.0723）。

具体而言，一是贷款方风险影响最大，贷款方企业自身实力和项目的决策与执行能力是网络融资顺利进行的核心，对网络融资风险的影响最为严重，科技型小微企业加强自身管理刻不容缓。二是政策法律风险，对网络融资风险的影响很大。网络融资政策法律环境在网络融资过程中起主导作用，近年来，很多融资平台倒闭，老板“跑路”的新闻屡见不鲜，投资者的担心严重影响了网络融资系统的运行，增加了科技型小微企业网络融资风险。三是借款方风险影响，投资方决策对网络融资有直接影响，投资人的参与程度直接影响网络融资的资金数量和资金的流动性，利益分配程度影响投资收益，同时也影响贷款企业承受的还款压力，投资人的投资动机也对网络融资产生重大影响，洗钱的违法行为严重影响网络融资的顺利进行，投资人合理参与投资的意识需继续提高。四是融资平台风险，融资平台的规范发展是网络融资顺利进行的重要保障，融资平台不仅包括平台信用、平台管理、平台技术等因素的影响，还包括第三方支付平台的资金安全性和第三方担保机构的担保合规性与利益相关性对融资风险的影响。五是行业市场风险。①行业规范不统一，融资平台业务操作流程不完善，借贷双方的权利义务并无明确规定，仅靠融资平台的管理难以约束双方行为。②科技型小微企业通过市场信号选择融资平台，信息过剩造成无效信息增多，存在市场信号真实性风险。③市场准入标准不明确，仅需依据《公司登记管理条例》《互联网信息服务管理办法》《互联网站管理工作细则》等相关规定在工商管理部门和通信管理部门注册备案即可开始运行，造成网络融资行业鱼龙混杂。④市场退出机制不完善，网络融资平台如何退出市场？在融资平台退出时如何保障借贷双方的合法权益？这些问题都没有明确的法律规定。⑤行业自律组织不成熟，可能因个体营私或不作为造成操作风险。现存的网络融资行业自律协会多为地方性，平台数量少、执行力差、组织涣散，很难起到自律作用。

（8）网络融资风险的对策体系研究。本书提出“以政府监管为主导、以行业自律为补充、以小微企业防范为核心”的“三位一体”的策略体系。小微企业网络融资系统主要包括贷款方风险、借款方风险、融资平台风险（包括第三方融资担保机构风险、第三方支付平台风险）、政策法律风险、行业市场风险五大风险来源，结合各因素风险权重，针对五大风险来源从内部风险防范、外部风险控制两个角度就提高小微企业内部管理水平、增强借款方风险防范意识、加速网络融资平台建设、完善网络融资法律体系、优化行业市场环境五个方面提出相应建议。

2. 方法创新

本书综合运用访谈、问卷调查、案例分析、比较研究、因子分析、模糊综合评价、属性空间划分及风险识别动静态评估等多种方法，对小微企业成长中的网络融资模式、风险和对策进行研究。具体表现为：

（1）案例研究方法。本书通过对网络融资案例进行分类梳理，比较不同网络融资模式之间的利弊，解析网络融资模式的关键构成因素，进而总结形成本书的小微企业网络融资模式。

（2）问卷调查法。本书对我国小微企业展开大规模调查。为保证调查的全面性、调查数据的真实性，以全国范围内 5000 家小微企业为研究对象，通过实地入户调查、线上问卷、邮递调研等多种形式同步进行。调查问卷中总共收回 3120 份，其中有效问卷约为 2948 份，回收率及有效率分别为 62.4%和 58.96%。在对问卷甄别的过程中，首先进行数据预处理，出现关键信息不全、回答模糊、正反题项回答一致以及有明显错误的问卷都视为无效问卷。

（3）因子分析方法。根据理论分析得到的小微企业网络融资风险形成机理的五种风险因素，为验证其合理性和科学性，本书利用 SPSS.21 软件对小微企业网络融资风险调查问卷数据进行分析，运用探索性因子分析方法对其进行实证检验。

（4）模糊综合评价法。本书采用模糊综合定性判断和 AHP 定量赋值相结合的方法，确定企业网络融资风险各构成要素的指标权重，利用指标权重对各风险要素进行诊断。

（5）风险识别动静态评估方法。本书采用定量赋值的方法对企业网络融资风险管理目标实现的各要素进行模糊评语与评分，并用计算的各因素模糊评价值来评估、确定其网络融资风险程度的隶属度。采用小微企业网络融资风险的单指标、多指标以及风险属性识别分析方法，进行企业网络融资风险的测算和网络融资风险静态、动态评估。

3. 突出特色

（1）搭建传统融资主体及网络融资主体共同参与合作的多边融资模式，探讨不同网络融资模式的风险路径，有效共享融资信息，解决小微企业融资过程中的信息不对称问题，丰富小微企业融资理论体系。

（2）在揭示小微企业网络融资模式风险来源的基础上，利用主成分分析方法验证网络融资风险来源的主要影响要素，探讨网络融资风险的内在运行机制，从而为政府进行有效监管提供经验依据。

（3）利用动静态风险识别评估和诊断技术，识别网络融资风险的等级、评估网络融资风险的动态发展趋势、诊断风险形成的主要因素，有针对性地做出防范突发风险的对策。

（4）阐释了网络融资模式与网络融资风险之间的路径依赖关系，进而形成"模式构建—风险识别评估和诊断—对策体系"三位一体的网络融资策略体系，保障网络融资模式的有效运行。

三、资料收集和数据采集情况

本书依托国家社会科学基金项目的支持，于 2017 年底对全国中小微企业展开一次大规模调查，以全国 10000 家中小微企业为研究对象，调研其基本信息、外部成长环境及内部要素，旨在反映我国小微企业的生存及发展状态、网络融资环境及网络融资风险要素。本次问卷调查采用多种方式进行，包括实地访谈、线上问卷、邮递以及学生调研等，总收回调查问卷 4102 份，回收率为 41. 02%。删除无效（包括关键信息不全、回答模糊、正反题项回答一致以及有明显错误）问卷，共获得有效问卷 2645 份，占样本总量的 26. 45%。问卷大多采用 Likert 7 点打分法（1. 非常不符合；2. 很不符合；3. 不符合；4. 一般；5. 较符合；6. 符合；7. 非常符合）对变量进行测量，要求调查对象按照测量项陈述与样本小微企业实际情况的符合程度打分。本次调研为研究中小企业网络融资对融资约束的影响以及金融环境和政企关系的作用提供了必要的数据支持。

被调查中小企业的基本状况主要包括企业性质、发展阶段、所属行业等。统计结果表明，从企业性质来看，民营企业占 38%，占据了很大比重；从发展阶段来看，成长期企业较多，占 50. 6%；从所属行业来看，本次调研的中小企业涉及农林牧渔、制造业、建筑业、批发零售业等多个行业。总的来说，样本涉及不同性质、不同类型、不同行业的中小企业，能较好地反映中小企业的基本特征。

四、成果的学术价值和应用价值

（1）学术价值。本书从小微企业成长的视角，分析了网络融资模式与小微企业融资的基因契合性，构建了线上线下、传统网络相结合的小微企业多边融资服务模式，拓展了小微企业融资的研究深度。在此基础上，综合运用复杂适应系统理论、演化博弈方法，阐释小微企业网络融资模式运行机制，揭示网络融资风险产生的内在根源，从而为构建网络融资风险防范策略体系提供证据，丰富和完善有关小微企业网络融资理论体系。

（2）应用价值。本书构建小微企业的多边融资服务模式，对于拓宽小微企业融资渠道，提高融资效率，为小微企业群体提供破解融资难题的策略选择路径；通过实证方法甄别网络融资风险的关键因素，从而为确立监管措施、化解网络融资风险提供参考依据；本书提出网络融资风险的策略体系，为政府制定或出台解决信息不对称、提高网络融资效率和分散网络融资风险的政策提供依据，以便更好地服务于小微企业可持续成长的发展目标。

目　录

1　绪论 ………………………………………………………………………… 1

1.1　选题依据 ……………………………………………………………………… 1

1.2　选题意义 ……………………………………………………………………… 2

1.2.1　理论意义 ………………………………………………………………… 2

1.2.2　现实意义 ………………………………………………………………… 2

1.3　研究的主要内容 ……………………………………………………………… 2

1.4　研究重点与难点 ……………………………………………………………… 5

1.5　研究思路及方法 ……………………………………………………………… 6

1.5.1　研究思路 ………………………………………………………………… 6

1.5.2　研究方法 ………………………………………………………………… 6

1.6　研究的创新与不足之处 ……………………………………………………… 8

1.6.1　创新之处 ………………………………………………………………… 8

1.6.2　研究的不足 ……………………………………………………………… 9

2　国内外相关文献综述 …………………………………………………………… 10

2.1　小微企业及小微企业成长相关研究 ………………………………………… 10

2.1.1　小微企业成长因素文献研究 …………………………………………… 10

2.1.2　小微企业成长模式文献研究 …………………………………………… 12

2.1.3　小微企业成长对策有关的研究 ………………………………………… 13

2.2　融资及网络融资方面相关研究综述 ………………………………………… 14

2.2.1 融资概念的界定 …… 14

2.2.2 融资分类的相关研究 …… 15

2.2.3 网络融资的发展 …… 15

2.2.4 网络融资模式的相关研究 …… 17

2.2.5 小微企业融资的相关研究 …… 21

2.3 小微企业网络融资风险相关研究 …… 25

2.3.1 网络融资风险类型与成因的相关研究 …… 26

2.3.2 网络融资风险管理的相关研究 …… 28

2.3.3 网络融资风险管理的文献述评 …… 29

3 小微企业成长及网络融资相关理论概述 …… 30

3.1 小微企业概念界定 …… 30

3.1.1 国外对小微企业的概念界定 …… 30

3.1.2 国内对小微企业的概念界定 …… 31

3.2 企业成长理论 …… 33

3.2.1 古典经济学的企业成长论 …… 33

3.2.2 新古典经济学的企业成长论 …… 34

3.2.3 新制度经济学的企业成长论 …… 35

3.2.4 企业成长能力基础论 …… 36

3.2.5 企业成长的制度变迁论 …… 36

3.2.6 企业成长资源论 …… 37

3.2.7 演化经济学的企业成长论 …… 37

3.3 融资及网络融资理论概述 …… 38

3.3.1 MM 理论之前的早期融资理论 …… 38

3.3.2 MM 理论 …… 38

3.3.3 优序融资理论 …… 41

3.3.4 权衡理论 …… 42

3.3.5 代理成本理论 …… 43

3.3.6 契约理论 …… 44

3.3.7 控制权理论 …… 45
3.4 风险及风险管理理论概述 …… 46
3.4.1 风险基本理论概述 …… 46
3.4.2 风险管理基本理论 …… 48

4 我国小微企业发展现状分析——基于15个省市的调查 …… 52

4.1 研究背景 …… 52
4.2 相关文献回顾 …… 53
4.3 小微企业调查问卷设计 …… 54
4.3.1 问卷设计原则 …… 54
4.3.2 问卷构建 …… 55
4.4 样本情况 …… 56
4.4.1 样本数据来源 …… 56
4.4.2 样本数据行业分布 …… 56
4.4.3 样本地域特征情况 …… 57
4.5 小微企业发展存在问题分析 …… 58
4.5.1 企业家与管理能力 …… 58
4.5.2 人力资源与技术创新能力 …… 59
4.5.3 企业财务与融资状况 …… 60
4.5.4 市场营销与竞争情况 …… 62
4.5.5 企业外部环境与社会服务 …… 62
4.6 结论与建议 …… 64

5 我国小微企业成长研究 …… 66

5.1 小微企业集群的复杂性 …… 66
5.2 集群子系统合作程度对企业成长的影响 …… 68
5.3 问卷调查与实证分析 …… 69
5.4 结论与建议 …… 71

6 网络融资对我国小微企业融资约束的影响研究 …… 75

6.1 研究背景 …… 75
6.2 理论分析与研究假设 …… 76
6.2.1 网络融资与中小企业融资约束 …… 76
6.2.2 金融环境对中小企业融资约束的调节作用 …… 77
6.2.3 政企关系对中小企业融资约束的双重调节作用 …… 79
6.3 研究设计 …… 81
6.3.1 样本选择和数据收集 …… 81
6.3.2 变量测量 …… 82
6.4 结果分析 …… 84
6.4.1 相关分析 …… 84
6.4.2 假设检验 …… 84
6.5 结论与讨论 …… 88

7 小微企业网络融资模式、风险识别及形成机理研究 …… 90

7.1 文献综述与理论基础 …… 91
7.2 小微企业网络融资模式分析 …… 93
7.3 小微企业网络融资风险要素识别实证检验 …… 97
7.3.1 样本选择和数据收集 …… 97
7.3.2 描述性统计 …… 98
7.3.3 探索性因子分析 …… 99
7.4 小微企业网络融资风险形成机理 …… 101
7.5 结论与对策分析 …… 107

8 小微企业网络融资风险评价指标体系构建及权重确定 …… 109

8.1 小微企业网络融资风险指标体系构建 …… 109
8.1.1 指标的选取原则 …… 109
8.1.2 指标选择的方法 …… 110

8.2 小微企业网络融资风险评价指标体系的构建 …… 112
8.3 AHP简介 …… 113
8.4 AHP确定各指标权重 …… 117
8.5 关于指标体系运用的说明 …… 121
8.6 小微企业网络融资风险评价指标属性空间划分方法 …… 122
8.6.1 评价指标定量化的处理方法 …… 123
8.6.2 指标定量化 …… 123

9 小微企业网络融资风险识别、评估和诊断方法 …… 126

9.1 小微企业网络融资风险识别技术 …… 126
9.1.1 单指标属性的测度分析 …… 127
9.1.2 多指标属性的综合测度分析 …… 129
9.1.3 属性识别分析方法 …… 129
9.1.4 小微企业网络融资风险的静态、动态识别技术 …… 130
9.2 小微企业网络融资风险的评估技术 …… 131
9.2.1 小微企业网络融资风险的静态评估技术 …… 131
9.2.2 小微企业网络融资风险的动态评估技术 …… 136
9.3 小微企业网络融资风险的专家诊断技术 …… 138

10 小微企业网络融资风险识别、评估与诊断结果分析 …… 140

10.1 小微企业网络融资风险状态识别分析 …… 140
10.2 小微企业网络融资风险状态静态、动态评估分析 …… 148
10.2.1 小微企业网络融资风险静态评估 …… 148
10.2.2 小微企业网络融资风险动态评估 …… 149
10.2.3 小微企业网络融资风险状态评估的比较分析 …… 151
10.3 小微企业网络融资风险模糊综合诊断结果分析 …… 152

11 小微企业网络融资风险防范策略研究 …… 159

11.1 贷款方主体对策 …… 160

11.2 借款方主体对策 …… 161
11.3 网络融资平台主体对策 …… 162
11.4 网络融资政策法律环境对策 …… 164
11.5 网络融资行业市场环境对策 …… 165

参考文献 …… 167

附录1 小微企业网络融资风险调查问卷 …… 182

附录2 小微企业网络融资风险评价指标体系调查问卷 …… 185

后 记 …… 188

1 绪论

1.1 选题依据

从世界各国的经济发展来看，小微企业作为市场经济最活跃的“细胞”，为国家带来显著经济效益的同时也面临着多重挑战。党的十八大明确指出“支持小微企业发展”。小微企业在推动经济创新、促进经济发展、保持市场活力等方面发挥着重要作用。然而，由于技术弱、人才缺、融资难等问题，加之竞争环境与规则变化，小微企业依然面临严峻的融资风险。融资困难已经成为制约小微企业成长发展的根本因素，如何解决这一问题，促进其可持续成长，近年来，国内外一直把解决小微企业融资难题作为研究的重点和难点。共享经济随着大数据、云计算的不断深化完善得到迅速发展，“共享金融”也成为服务共享经济模式不断壮大、促进经济社会可持续发展的一种趋势。网络融资是一种新的融资模式，它实现了民众、企业、金融机构之间的金融共享，与商业银行间接融资和资本市场直接融资不同，网络融资具有较低的信用门槛和宽松的信用等级（Agarwal and Hauswald，2010），以及对大数据的积累、挖掘所形成的长尾效应，这些内在的特性都决定了网络融资是突破小微企业融资困难的有效途径。但网络融资过程中存在风险，对小微企业网络融资进行风险研究，有助于强化网络融资效用，揭示网络融资风险的防范策略，充分、高效地发挥网络融资对科技型小微企业资金困境的缓解作用。以云计算、大数据、社交网络、搜索引擎等为支撑的第三方支付、P2P、众筹、网络保险等融资方式快速发展，给传统金融格局带来了新变化，随之而来的网络融资风险也迅速增加。因此，阐释网络融资模式的本质，揭示网络融资风险的形成机理，进而提出风险防范策略成为重要而紧迫的研究命题。

1.2 选题意义

1.2.1 理论意义

本书从小微企业成长的视角，分析了网络融资模式与小微企业融资的基因契合性，构建了线上线下、传统网络相结合的小微企业多边融资服务模式，拓展了小微企业融资的研究深度。在此基础上，综合运用复杂适应系统理论、演化博弈方法，阐释小微企业网络融资模式运行机制，揭示网络融资风险产生的内在根源，从而为构建网络融资风险防范策略体系提供证据，丰富和完善有关小微企业网络融资理论体系。

1.2.2 现实意义

本书构建小微企业的多边融资服务模式，在于拓宽小微企业融资渠道，提高融资效率，为小微企业群体提供破解融资难题的策略选择路径；通过实证方法甄别网络融资风险的关键因素，从而为确立监管措施，化解网络融资风险提供参考依据。本书提出网络融资风险的策略体系，为政府制定或出台解决信息不对称、提高网络融资效率和分散网络融资风险的政策提供依据，以便更好地服务于小微企业可持续成长的发展目标。

1.3 研究的主要内容

本书以我国小微企业为研究对象，基于多案例分析的方法，探讨通过网络方式进行融资的有效模式。在此基础上，通过调查分析和数理统计方法，甄选网络融资过程中的风险要素，进而建立化解网络融资风险的多层次策略体系，从而为制定解决我国小微企业融资问题的政策提供理论和实证依据。

（1）我国小微企业发展现状分析。本书依据企业仿生学理论从内生因素和外生因素两方面设计问卷，对广东、浙江、天津等15个省市的小微企业进行调查，共发放问卷10000份，获取有效调查问卷1323份。进而利用统计方法揭示小微企业在管理、融资、营销、创新等方面的问题。研究结果显示，我国小微企业的主要特点是数量众多、起点低、规模小，多分布在技术含量相对较低的行业；小微企业成长的主要障碍是资金瓶颈、人才匮乏、创新能力弱；我国小微企业获得资金的渠道相对比较单一，贷款方式不够灵活，实际从市场中获得资金的渠道与企业希望获得资金的渠道匹配性程度不高；我国的法律环境、财税政策环境、行业政策、金融政策、区域政策，以及社会化服务体系等落实不到位。

（2）我国小微企业的成长研究。企业集群合作程度对中小型科技企业的成长起到至关重要的作用。本书通过对小微企业的问卷调查，利用复杂系统理论探讨企业集群内部技术合作、信息交流、人才流动和商业贸易间的关系，以及企业集群内部综合的合作程度对中小型科技企业成长的影响。数据分析结果表明，企业集群内部各要素之间存在相关性，且企业集群合作程度对企业成长有显著的非线性影响。

（3）网络融资对小微企业融资约束的影响研究。在我国以商业银行为主导的金融体系和注重政治关系的制度背景下，网络融资能真正起到缓解中小企业融资约束的作用吗？基于制度和关系视角，本书引入金融环境和政企关系变量，以2645家中小企业为样本，检验网络融资对融资约束的影响以及金融环境的调节效应，并进一步检验政企关系三维交互效应。结果表明，网络融资对缓解中小企业融资具有积极作用，但存在一定的适用条件，即随着金融环境的逐渐完善，网络融资对中小企业融资约束的缓解作用减弱。同时，随着政企关系的改善，网络融资在缓解中小企业融资约束中的作用进一步被抑制。

（4）小微企业网络融资模式及风险形成机理研究。小微企业不同发展阶段的融资需求具有多样性、风险差异性等特征，建立由多元化主体参与的风险分散与分担机制，打破传统点对点线性融资链条模式，构建包括传统金融和互联网金融、线上线下整合的多元化融资模式。本书主要介绍小微企业网络融资典型的三种模式：网络众筹融资模式、P2P 网络借贷模式、基于大数据的小额贷款融资模式，以 CAS 为视角分析上述三种模式的网络融资流程，探索其复杂性特征，为网络融资主要风险要素的识别和分析奠定基础。本书揭示了网络融资风险形成来源，分为外部环境风险、融资平台风险（包括第三方融资担保机构风险和第三方支付平台风险）、贷款方风险、借款方风险，构建了不同风险来源的关系结构模型，阐释了网络融资过程中关键风险要素的内在影响机理，构建了网络融资风险形成机理理论模型。

（5）小微企业网络融资风险评价指标体系构建及指标权重确定。本书依据构建的网络融资风险形成机理理论模型构建评价指标体系。涉及的主要风险要素包括五个方面：政策法律环境风险、行业市场环境风险、融资平台风险（包括第三方融资担保机构风险和第三方支付平台风险）、贷款方风险、借款方风险。主要目的是评价小微企业网络融资风险状态，指标权重的确定是风险状态评价的基础，本书采用层次分析法有效确定了指标权重，指标权重的高低反映对小微企业网络融资风险影响程度的大小，确定指标权重就是找出其对小微企业网络融资风险影响程度深、影响范围广的指标进行重点分析，以避免小微企业网络融资风险的发生。

（6）小微企业网络融资风险的动态评估。小微企业网络融资风险来源于物种要素的动态变化。其中风险可控目标是网络融资所要达到的目的和结果，其带来风险的程度可用企业外部环境和内部条件两个方面对风险控制目标的支撑能力来衡量。按照小微企业网络融资风险的静态、动态评估技术考察我国小微企业 2016~2020 年风险状态的变化趋势。我们首先对我国小微企业 2016 年这个时点上的风险状态做静态评估，然后对 2020 年的融资环境和内部条件的变化对风险状态的影响进行动态评估，分别对 2017 年、2018 年和 2019 年的风险状态进行评估，结果显示，小微企业网络融资风险状态有逐年加大的趋势。

（7）小微企业网络融资风险模糊综合评价结果分析。经模糊综合评价结果分析发现：第一，贷款方风险影响最大，贷款方企业自身实力和项目的决策与执行能力是网络融资顺利进行的核心，对网络融资风险的影响最为严重，小微企业加强自身管理刻不容缓。第二，政策法律风险对网络融资风险的影响很大。网络融资政策法律环境在网络融资过程中起主导作用，近年来，由于融资平台的不稳定性，导致投资者的恐慌，严重影响了网络融资系统的运行，增加了小微企业网络融资风险。第三，借款方风险影响，投资方决策对网络融资有直接影响，投资人的参与程度直接影响网络融资的资金数量和资金的流动性，利益分配程度影响投资收益也影响贷款企业承受的还款压力，投资人的投资动机也对网络融资产生重大影响，洗钱的违法行为严重影响网络融资的顺利进行，投资人需合理参与投资的意识继续提高。第四，融资平台风险，融资平台的规范发展是网络融资顺利进行的重要保障，融资平台不仅包括平台信用、平台管理、平台技术等因素的影响，还包括第三方支付平台的资金安全性和第三方担保机构的担保合规性与利益相关性对融资风险的影响。政策法律风险和行业市场风险两者加权权重之和与贷款方风险、借款方风险的权重大致相同，说明外部环境与参与主体对网络融资风险的影响一样重要。加强网络融资主体尤其是贷款方和借款方规范管理的同时，对完善法律法规的需求也不容忽视。

（8）网络融资风险的对策体系研究。在对网络融资过程进行系统分析的基础上，针对关键风险及其影响因素，本书提出“以政府监管为主导、以行业自律为补充、以小微企业防范为核心”的“三位一体”的策略体系。政府应建立可持续平衡的经济金融发展机制、强化金融机构自我约束、改善金融监管治理体系和优化金融监管的外部环境。加强行业自律性建设，提高行业内不同参与主体的自我约束意识，进而完善行业规范，提高行业自我管理水平。小微企业应持续加强自身的管理，增强风险防范意识和提高风险防范能力。

1.4 研究重点与难点

（1）研究重点。①小微企业网络融资模式构建。本书打破传统点对点线性融资链条模式，运用案例方法、企业生命周期理论等搭建投资者、第三方支付、传统担保机构、信用评级机构、政府监管机构、电商及传统金融机构等多主体组成的融资模式。②小微企业网络融资风险的识别。网络融资与小微企业融资问题化解具有基因契合性，由于信息、技术等问题的存在，导致了不同形式的融资风险，通过 Dematel 方法等有效识别风险是保障网络融资模式有效运行的关键。

③防范小微企业网络融资风险的策略体系研究。构建完善的策略体系化解小微企业网络融资过程中的风险，对解决小微企业融资难题、促进小微企业实现可持续成长具有重要作用。

（2）研究难点。①网络融资模式中主体的构成及作用关系检验是研究的难点之一。因为选取过程中会存在一定主观性，须谨慎取舍，以确保构成完整性。②网络融资风险的识别分析。由于数据的难以获得性，如何选取客观的数据是保证结果可靠的关键，也是本书的另一难点。

1.5 研究思路及方法

1.5.1 研究思路

本书立足网络技术对金融的作用，运用融资理论、社会网络理论等，构建线上线下、传统网络相结合的小微企业多边融资模式，进而利用 Dematel、Logistic 等实证方法甄别风险来源，以主成分分析为分析工具揭示网络融资模式风险的本质及内在机理。在此基础上，通过风险识别评估和诊断技术，识别风险来源并阐释破解网络融资风险的多层次策略体系，以期从根本上解决小微企业融资困境，促进其实现可持续成长。其基本研究思路设计如图 1-1 所示。

1.5.2 研究方法

本书综合运用访谈、问卷调查、案例分析、比较研究、主成分分析及模糊综合评价、属性空间划分及动静态评估技术等多种方法，对小微企业成长中的网络融资模式、风险和对策进行研究。具体表现为：

（1）案例研究法。本书通过对网络融资案例进行分类梳理，比较不同网络融资模式之间的利弊，解析网络融资模式的关键构成因素，进而总结形成本课题的小微企业网络融资模式。

（2）问卷调查法。本书对我国小微企业展开大规模调查。为保证调查的全面性、调查数据的真实性，以全国范围内 5000 家小微企业为研究对象，通过实

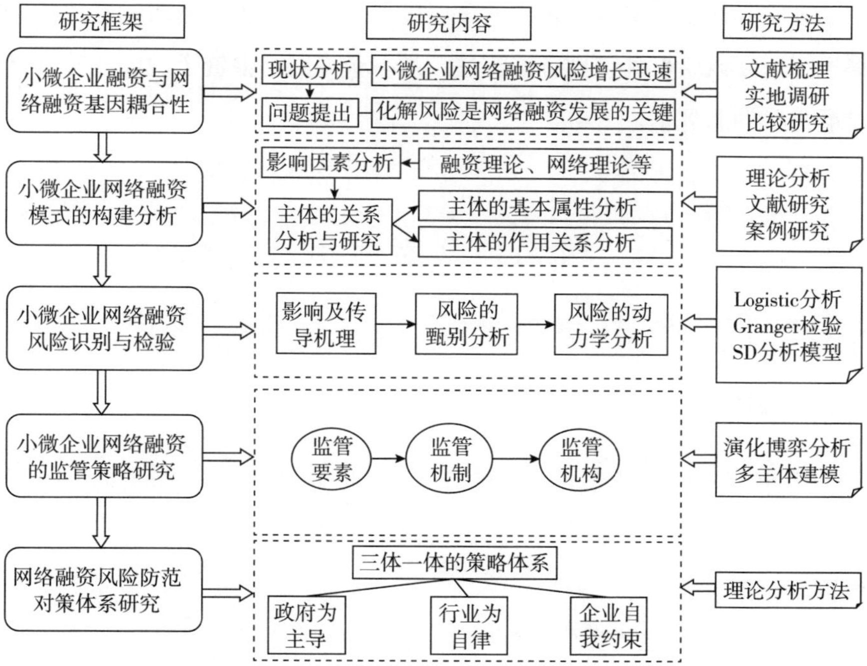

图 1-1 本书的思路框架

地入户调查、线上问卷、邮递调研等多种形式同步进行。调查问卷中总共收回3120份，其中有效问卷约为2948份，回收率及有效率分别为62.4%和58.96%。在对问卷甄别的过程中，首先进行数据预处理，出现关键信息不全、回答模糊、正反题项回答一致以及有明显错误的问卷都视为无效问卷。

（3）因子分析法。根据理论分析得到的小微企业网络融资风险形成机理的五种风险因素，为验证其合理性和科学性，本书利用SPSS.21软件对小微企业网络融资风险调查问卷数据进行分析，运用探索性因子分析方法对其进行实证检验。

（4）模糊综合评价法。本书采用模糊综合定性判断和AHP定量赋值相结合的方法，确定企业网络融资风险各构成要素的指标权重，利用指标权重对各风险要素进行诊断。

（5）风险识别静态、动态评估法。本书采用定量赋值的方法对企业网络融资风险管理目标实现的各要素进行模糊评语与评分，并计算各因素的模糊评价值来评估、确定其网络融资风险程度的隶属度。采用小微企业网络融资风险的单指标、多指标以及风险属性识别分析方法，进行企业网络融资风险的测算和网络融资风险静态、动态评估。

1.6 研究的创新与不足之处

1.6.1 创新之处

（1）本书搭建传统融资主体及网络融资主体共同参与合作的多边融资模式，有效共享融资信息，解决了小微企业融资过程中的信息不对称问题，丰富了小微企业融资理论体系。

（2）本书通过实地调查研究探讨了我国小微企业发展现状，分析了我国小微企业发展存在的主要问题。探寻了小微企业在成长过程中的制约要素。经研究发现，融资约束是制约我国小微企业实现可持续发展的关键因素，网络融资是支撑我国小微企业成长的重要途径，但同时又给企业可持续发展带来较大风险。

（3）本书在揭示小微企业网络融资模式风险来源的基础上，利用理论分析与实证分析方法验证了小微企业网络融资风险来源的主要因素，在此基础上构建网络融资风险形成机理理论模型，依据理论模型构建了小微企业网络融资评价指标体系，并利用 AHP 方法对各指标权重进行了确定，为后续的风险识别和评估奠定了良好的基础。

（4）本书采用模糊属性综合评价方法和专家赋值的原则，运用小微企业网络融资风险的单指标、多指标以及风险属性识别分析方法，进行企业网络融资风险的测算和网络融资风险静态、动态评估测算发现 2016~2020 年我国小微企业网络融资风险有逐年递增的趋势。在此基础上构建了专家定性判断与定量赋值以及与 AHP 法相结合的风险因素诊断方法，确定了网络融资的高风险因素，进而形成“模式构建—风险识别评估与诊断—对策体系”三位一体的网络融资策略体系，保障网络融资模式的有效运行。

1.6.2 研究的不足

风险管理的研究具有动态性和复杂性等特点，由于小微企业自身的发展背景、外部环境和行业特点不同，所以小微企业应根据自身的情况特点制定相应的融资防范策略和方法。不同行业的小微企业要求对某些风险因素的研究深度不同而要有针对性的研究。本书提出的小微企业网络融资风险的评估和诊断技术在具体运用过程中需要结合企业的实际情况进行修正，具体表现在以下两个方面：

（1）本书所确定的影响小微企业网络融资风险的评价指标体系，是在对一般性小微企业进行调查的基础上建立起来的，由于小微企业自身的发展背景、企业规模、所处行业、所处生命周期阶段的不同，指标体系的内容应有所调整，指标权重也应有所变化。如何建立一个完备的反映小微企业网络融资风险评价指标体系，是今后需要研究的问题。

（2）鉴于风险管理的复杂性，影响小微企业网络融资风险形成的因素也非常复杂。另外，小微企业融资风险要素内部构成因素之间的相互影响也可能是风险来源的诱因，当然，对小微企业网络融资风险因素进行交叉影响分析将会特别复杂，还需要进一步探讨。

2 国内外相关文献综述

2.1 小微企业及小微企业成长相关研究

国内外早期对“小微企业”也没有明确的概念界定，通常通用一个“中小企业”的称谓。一些国家或机构对小微企业的标准主要依托定性和定量两个方面。定性这一方面一般衡量标准为企业所有权结构、经营管理模式以及在本行业所处地位，用以表明小型微型企业的性质、地位和作用。定量这一方面一般是以明确的数字对雇员数、固定资产规模、经营收入等做量化的界定，更便于统计和管理。尽管不同国家和学者对小微企业的界定存在一定差异，但小微企业总体上脱不了资产额度小、营业收入少、从业人员少以及数量多、分布广等显著特点。

2.1.1 小微企业成长因素文献研究

有关小微企业成长影响因素的研究，很多学者前后进行过不同设定和证明，如我国著名经济学家之一李柏洲等（2006）较早对中小企业成长动因进行了研究，通过分析探究认为，中小企业受企业内在素质和外部环境因素的合力作用，所以应该从内在和外在共同把握这一问题，其中内在分列了企业家素质、市场开发能力、技术创新能力和制度创新能力四方面，外在分列了公共政策与法规、融资环境、人才市场和机制三方面。孔令夷（2015）指出，“促进中小微科技企业健康快速成长，要求建立起一个多元化的影响因素分析体系”，其基于资源观视域对中小微科技企业成长绩效影响因素分成三类：有形资源、无形资源以及资源获取、利用及开发能力，其中有形资源涵盖物种资源、土地资源、能源资源和矿物资源，无形资源涵盖人力资源、创新文化、产业生态、价值定位，资源获取、利用及开发能力包括吸收能力、组织再造能力、品牌开发能力和大规模定制化能力。

通过梳理相关文献，在此将小微企业成长影响因素以内部因素和外部因素视角展开分析和述评。

（1）企业内部因素的影响。

1）企业人力资源。包括企业家素质和员工职业能力。企业家的能力和素质是企业的独特资源，比起大企业，小微企业的所有者更是关乎企业的创立经营管理和决策等重要因素；还有企业除企业家以外的员工教育背景和业务水平也是重要影响因素。如芮正云和庄晋财（2014）以 100 多家新创小微企业为样本实证分析表明，新创小微企业的成长和创业者的网络能力、吸收能力有很大关系。

2）创新水平和技术要素。技术创新关乎企业核心竞争力，要想企业站稳脚跟长久稳定发展，占有更大的市场占有率，必须不断争取进行技术创新，升级或开发新产品和服务。

3）融资能力。面对复杂的外部环境，小微企业开展活动和日常运营都需要有足够的资金支撑，然而小微企业成长的不同时期均面临不同程度的融资压力。目前互联网和大数据时代背景给小微企业长久的历史性难题融资困难提供了一定的解决方案，但是小微企业融资难仍未得到根本解决。

4）企业制度和治理结构。吴家曦（2015）以浙江省中小企业为例，探讨影响中小企业成长的多维因素，他认为“企业制度、治理结构与推动企业成长具有显著的正相关。清晰的产权结构、合理的经营者持股和治理结构，都将显著推动和加速中小企业的成长”。

5）企业文化。企业文化也是影响小微企业健康发展的重要因素，其实质是通过对企业人的价值观念进行约束，进而作用人的行为和决策等。

（2）企业外部因素的影响。

1）政府政策国家宏观环境。政府扶持包括政策法规支持、金融支持和基础设施保障，对小微企业的生命周期和小微企业成长具有各种直接和间接影响，比如政府和银行对小微企业优惠和扶持，以及监督监管等；国家整体的宏观经济形势也会不可避免地影响小微企业的发展。

2）企业集群和区域创新网络。李森森和刘德胜（2014）通过实证研究分析指出，“区域创新网络和企业集群对小微企业成长有显著影响”，其中“区域创新网络指同一产业或相关产业内企业和企业之间以及企业和当地科研院所、中介机构以及地方政府等公共组织之间的合作而结成的具有资源配置能力和创新能力的结构系统。在该网络系统内，不同企业之间联系与协作的网络成为主导”。并且区域创新网络和企业集群的形成都对科技型小微企业成长有积极影响作用。

李亦亮（2013）同样认为，中小微企业集群、集聚发展成为成长的着力点，其认为的集聚发展主要指“小微企业在地理空间上集中并以集群化的方式发展”。

3）行业环境。小微企业会受到企业本身生命周期、行业周期的作用，不同阶段中因素影响也存在较大差异，但相对影响企业内部要素部分，其程度略轻。

另外，崔婧和鲍新中（2015）通过对北京地区一些小微企业进行调查显示，行业协会对小微企业成长有重要影响，如果小微企业与行业协会建立长久稳定的合作关系，则小微企业就能够获得发展所需要的人、才、物等资源，增强发展活力，进而推动其更好地成长。

2.1.2 小微企业成长模式文献研究

国内针对小微企业成长模式方面的研究不多，钟幼茶（2008）以浙江小微企业作为范例，归纳总结浙江中小企业八类主要成长模式：①集聚化成长模式，即在同一区域或相关区域内围绕某一产品或产业的中小企业，联系分工协作集聚发展；②创新型成长模式，依靠创新形成竞争优势的发展模式；③股份化成长模式，即采取股份制成长方式的路径；④国际化成长模式，既“走出去”又“引进来”，积极参与国际分工和国际竞争；⑤虚拟化成长模式，即“以知识经济为背景，两个或多个拥有核心能力的企业或项目组，充分利用企业现有资源，依托信息网络资源，以业务包干形式独立完成策略联盟的某一子任务块，通过共享彼此的核心能力，使共同利益目标得以实现的成长模式”；⑥合作型成长模式，通过产学研合作、战略联盟等合作发展的方式；⑦规模化成长模式，“以扩大原有产品产量或销量为主要特征”；⑧补缺型成长模式，即通过“补缺”市场形成独特性经营和个性化发展的成长模式。

具有代表性的还有，霍华（2016）提出总结小微企业成长模式内涵的界定以及小微企业应该如何选择适合自己的成长模式。根据小微企业成长理论可把小微企业成长模式定义为“从产生、成长到规模壮大过程中采用的发展策略和路径，关注的焦点在于谁将成为下一个马云和阿里巴巴”；后又指出实证分析得出小微企业除做大做强外可以有众多选择的成长发展路径和模式。小微企业具体成长模式分为四类：第一类属于新兴产业类型，具有市场前景广阔、增长潜力大、顾客需求旺盛等特点，应“尽早地寻找、选择和进入这类产业之中，尽快通过扩大投资、企业间并购重组、横向一体化等途径，利用各种资源迅速扩大小微企业规模与实力，快速占领行业”；第二类属于新兴产业但市场潜力和规模有限，这类小微企业适合走集群发展路线，通过分工协作占据市场份额共同承担风险；第三类属于成长空间有限、不能发展为大型企业的企业，要么选择专业化经营提供特色产品或服务，要么通过创新赢得更大拓展空间；第四类处于成熟行业大企业已基本形成垄断，对小微企业入侵壁垒很大，它们要么依附于大型企业，要么寻找大型企业的不足来获得发展机遇。

2.1.3 小微企业成长对策有关的研究

胡苗忠和徐海燕（2014）通过分析小微企业发展过程中面临的几大困境，提出财税和金融相结合的改革思路。财税改革的主要方向为提供专项资金给小微企业，完善小微企业公共服务体系，加大小微企业减税力度，为那些对小微企业开展信贷服务的银行实施税收优惠政策；金融改革则主要构建多层次金融组织体系，“创新小微金融产品，大力发展微型金融机构，引入小额贷款信用保证保险和实施差异化监管政策和货币政策”。

杨波和冯悦旋（2015）提出，加强注重小微企业成长的三个关键环节：市场机会把握、商业模式创新和市场竞争策略，才能不断丰富和提高自身水平，在市场中赢得竞争优势，生存下去。

杜晓斐（2016）认为，结合当下互联网时代背景，从小微企业生存的外部生存环境和内部生存环境比较系统给出小微企业成长问题的政策建议，其中内部生存环境主要包括加强和完善小微企业信息化建设、人力资源管理机制和创新能力三个方面；外部生存环境则建议强化政府对小微企业的优惠扶持和引导作用，还有注重提升小微企业发展的社会环境质量，如打造一个良好的行业内竞争环境、加快解决改善小微企业融资问题等。

李森森和张玉明（2013）针对科技型小微企业，根据不同成长阶段给出相应的发展策略，例如，在创办期主要建立促进技术创新的激励机制，要加强企业信息保障系统建设；在成长期，政府应完善产业行业环境和社会服务，企业自身加强融资能力；在成熟期，政府应注重政策扶持策略，创建良好的政策法律环境，企业应注重产品和市场以及企业文化方面；在衰退期，政府则应加大扶持力度甚至鼓励二次创业，企业注重培养企业家素质。杨楠（2016）同样对科技型小微企业（河南省）进行调研，给出了促进河南省科技型小微企业成长的对策，包括“引导企业加大技术创新投入”“发展众创空间”“完善创新孵化体系”“为科技型小微企业融资提供政府信用担保”“引导科技型小微企业集群发展”“扶持科技型小微企业梯队”“建立指导目录制度”“建立指导目录制度”“推进投贷联动”“构建服务创新体系”。

2.2 融资及网络融资方面相关研究综述

2.2.1 融资概念的界定

张昌彩（1998）认为，就宏观经济而言，根据美国经济学家莫里斯·科普兰等在分部门资金流动账户方面的研究成果，我们可以把整个经济部门划分为盈余部门（收入大于支出）、平衡部门（收入等于支出）和亏绌部门（支出大于收入），盈余部门往往是储蓄者，亏绌部门往往是投资者，在这里储蓄向投资的转化称为融资。融资有广义和狭义之分，广义的融资一般是指资金的融通，是资金需求方通过各式各样的方式在金融市场筹集资金的行为。狭义的融资，筹资的主体一般是企业，指的是企业筹集资金的过程，是企业依据自己的财务状况、资金使用情况、生产经营形势和未来的经营需要，通过一定的财务分析和决策，采取一定的融资决策分析，采用对企业而言最合适的融资方式，用最小的成本和代价筹集到满足自身资金需求的资金的行为（胡斌，2016）。因为我们研究的对象是小微企业，所以本书更加适用于狭义的融资定义。

2.2.2 融资分类的相关研究

企业的融资方式如果按照资金的来源可以分成内源融资或内部融资（Internal Finance）和外源融资或外部融资（External Finance）。最初对内部投资和外部投资这两个概念进行区分和界定的是美国经济学家约翰·格力和爱德华·肖，他们定义内源投资是指投资者利用自己的储蓄进行投资，而外源投资是指投资者用一定的方式和渠道向其他的经济主体融通资金。

Gurley（1958）最早提出可以将外部融资按照是否有中介参与区分为直接融资和间接融资。直接融资是指资金盈余方和资金短缺方直接进行资金融通的协议，或者是在金融市场上资金盈余方直接购买资金短缺方发行的有价证券等方式，将货币资金直接提供给资金需求者，来实现资金的融通；间接融资是指资金盈余方通过存款或中介机构发行的有价证券等方式，把自己闲置的资金给金融中介机构，然后再由金融机构以何种方式将资金提供给资金的需求者来实现资金的融通。企业采取不同的融资方式就会形成企业不同的融资结构。根据资金融通的范围，融资方式又可分为国内融资与国际融资两大类。国内融资是指在国内金融市场上所进行的融资活动；国际融资是指在国际金融市场上所进行的融资活动（王俊，2004）。

2.2.3 网络融资的发展

（1）互联网自身的发展。周亮和刘黎一帆（2020）认为，互联网金融是互联网与金融相融合的产物，互联网的许多功能和金融业的发展有着无与伦比的契合性和相关性。互联网的发展也带动了互联网金融的不断完善和发展，现在传统银行也随着互联网的渗透借机推出了一系列的互联网金融产品，互联网与金融产品的结合使信贷产品增多，竞争更加激烈，这也让小微企业的融资门槛开始逐渐降低，小微企业融资难问题的解决迎来了曙光（周亮和刘黎一帆，2020）。余薇和秦英（2014）等也同样认为，随着信息技术的发展和数据处理能力的提升，互联网的介入促进了金融行业的发展，其是打破金融垄断、实现金融民主化的利器。与传统金融服务领域相比，互联网金融具有无法比拟的优势，比如数据相对真实；业务办理效率比传统银行业务效率高，减少网点，增加网页；技术先进，可以用技术手段代替大量人力。

（2）降低融资双方的信息不对称。宋文和韩丽川（2013）从出借人的出借意愿角度，对影响借贷成功率的关键因素及其影响程度进行研究，结果表明，尽管感知收益以及感知风险对投资者的出借意愿有一定影响，但实际上信任变量才是影响投资者出借意愿的重要因素。陈新娟（2019）认为，互联网融资能够化解中小企业融资困境主要是因为互联网的这几个优势：互联网能降低融资双方的信息不对称，能降低融资成本提高融资效率，有利于避开信贷配给，更好地分配融资双方需要的资金。刘芸和朱瑞博（2014）认为，信息不对称是制约小微企业的核心因素，所以如果以大数据为基础的互联网金融快速发展，能让小微企业和银行之间的信息不对称现象得以缓解，这样也能增强信贷的风险可控性，从而降低小微企业的融资成本，未来可以给小微企业融资难、融资贵这个世界级难题提供一个解决方向。

（3）互联网和金融相辅相成。Merton 和 Bodie（1993）认为，互联网金融的发展，同样也受益于以信息集合及处理能力为基础的互联网融资、信息分解及风险监管等功能的正常运行。和毅（2013）认为，互联网金融对目前商业银行传统经营和服务模式形成重大挑战，商业银行应主动实施供应链融资业务拓展战略，加强供应链融资产品的创新和推广以及供应链金融业务人才的培养，完善供应链融资业务风险控制体系及征信体系建设，来适应互联网金融发展趋势。

（4）创新融资模式。周凯和史燕平（2016）认为，互联网融资租赁和传统融资租赁模式相比较，在业务处理的效率、信息真实性的审核、融资风险的管理和盈利模式等多个方面都有着巨大的优势。徐洁等（2014）认为，从企业融资的资金供求关系来看，身为资金供给方的互联网金融和资金需求方的小微企业应该达到资金供需的相互匹配，以资金供需的相互匹配来说，可以把互联网金融和小微企业的融资模式分为这四种：点对点融资模式、基于大数据的小额贷款融资模式、大众筹资融资模式、电子金融机构—门户融资模式。徐细雄和林丁健（2014）认为，大数据金融是依托于海量、非结构化的数据，通过互联网和云计算等信息化方式对其数据进行专业化的挖掘和分析，并与传统金融服务相结合，创新性地开展相关资金融通工作的统称，大数据和金融的结合为小微企业融资提供了新的模式。

（5）改善互联网供应链。供应链管理的实体产业之间，通过信息化协同合作的供应链金融新趋势和高级阶段，包含电子商务交易、在线支付、交易融资和物流管理等多个环节的复杂性金融创新产品（黄丹，2012）。互联网供应链金融具有互联网金融的门槛低、覆盖广、成本低、效率高、透明度强、融资便捷等性质，以及供应链金融的风险管控较好、流程和成本控制较好的双重优势。刘柳和屈小娥（2017）认为，互联网金融对社会融资结构的最终影响由其综合效应决定，互联网金融的规模替代效应和长尾效应有助于提高债券融资占比，而技术外溢效应及风险传递效应则会降低债券融资占比。

2.2.4 网络融资模式的相关研究

（1）网络融资能够提高融资效率。

1）互联网融资能够降低交易成本，减少信息不对称，有效进行风险管控。张玉明和王洪生（2014）认为，伴随着以互联网为代表的现代信息科技，互联网金融模式应运而生，因其可实现对全部数据资源的合理筛选与利用，有利于提高资源利用效率和降低成本；因其信息处理和风险评估可通过网络化方式进行，可有效降低市场信息不对称；因其各类参与主体众多，资金供需双方在资金期限匹配、风险分担、规模大小、资产形态等匹配程度高，可降低交易成本、提高融资效率，互联网金融与中小微企业融资需求具有天然的契合性，可有效缓解小微企业融资难问题。

降低融资成本。戴东红（2014）认为，对小微企业融资来说，互联网金融具有信息成本、效率和普惠的优势，较之直接融资和间接融资，互联网金融更为契合小微企业融资需求。陈晓芳和邓银花（2017）认为，传统的金融机构“亲大远小”倾向明显，只愿意为大型企业锦上添花，而不愿意为中小企业雪中送炭，成为阻碍中小企业发展的关键因素之一。通过融资租赁公司筹资，程序简单、还款灵活，在一定程度上缓解了中小企业融资难的问题。张岭和张胜（2015）以互联网金融发展背景下小微企业融资为研究对象，对互联网金融支持小微企业融资模式进行研究，认为互联网金融降低了信息不对称和交易成本，给小微企业融资提供了新的融资渠道；实现了融资双方资金和信息的有效配置；为小微企业提供了公平、透明、高效、便捷的融资平台、融资渠道和融资机会。冯建本（2018）认为，互联网金融模式不是互联网技术和传统金融的简单叠加，而是将数据挖掘、搜索引擎等技术融合到金融服务中，通过降低金融交易的成本和风险来扩大金融服务边界。

2）减少小微企业和银行之间的信息不对称。娄飞鹏（2014）认为，互联网金融开展的小微企业融资主要有电商模式和网络借贷平台模式，其优势在于客户群体明确、产品设计具有针对性、业务处理效率较高、可以充分利用信息技术解决信息不对称的管理风险。吴睿和邓金堂（2018）在简要回顾国内外关于供应链金融理论和发展模式的基础上，认为互联网与供应链金融相结合是解决中小企业融资难等问题的有效途径，供应链金融模式通过构建一个跨平台、跨地区、跨资金来源和跨行业的生态系统，实现四流合一线上化和交易信息的共享共治，有利于降低信息不对称风险，提高中小企业融资效率。郭喜才（2014）基于大数据和云计算等信息技术的互联网金融可以更好地进行风险识别和评估，减少了信息不对称，大大较低了交易的成本，提高了金融资源的配置效率，也有利于实体经济的发展。范琳等（2015）认为，鉴于电子商务平台的中小企业主要利用互联网来实现交易，电子商务平台的运营商可以获得企业经营、信用、资金等信息，互联网金融企业通过使用大数据，在一定程度上可以解决供求双方信息不对称的问题，使融资过程具有全程网络化、信息透明、贷款灵活等特点。

3）加强风险控制，降低风险。吴昊和杨济时（2015）基于第三方电商平台的商业银行融资策略研究小微企业融资支持方向，认为商业银行与第三方电商平台合作开展电商供应链模式的网络金融服务，应是商业银行推进互联网金融创新的切入点，同时也是支持小微企业融资的主要渠道，借助电商平台中的交易信息，通过物流、资金流、信息流的闭环应用，能让小微企业的融资风险更加可控。王轶昕（2017）认为，互联网金融模式将移动支付、云计算、社交网络等信息科技融入其中，在支付结算上实现了个人移动支付终端与超级集中支付系统的统一；在信息处理上以网络大数据形式集中处理和评估，有效降低了信息不对称的风险；在资源配置上，债券、股票、贷款均能实现网上的交易发起和交割，使资金期限、风险、价格匹配成本降低。

（2）网络融资解困小微企业融资的对策建议。

王李（2015）从小微企业和个体商户的融资需求满足性出发，认为银行需要充分吸收阿里小贷等电商模式的优点，利用大数据分析，降低管理成本、信用成本，这样小微金融才能进入银行办理信贷业务，获得合理成本边际，以实现小微贷款服务的可持续发展。

孙瑞婷和熊学萍（2018）认为，互联网融资平台要做好企业信息发布的引导和规范管理工作，企业也应该学会制定比较合理的计划融资额。麦克米伦缺口理论（Macmillan Gap）于1931年由麦克米伦提出。该理论认为，中小企业在生产经营过程中，资金供给方不愿意以中小企业所提出的条件提供资金，导致中小企业存在一定的资金缺口，该缺口即“麦克米伦缺口”。长尾理论是由美国的克里斯·安德森（Chris Anderson）提出的一种网络时代新型理论。该理论认为，在传统的经营体系中，考虑到成本和效率因素，人们只关注那些处于重要地位的人或商品，若用正态分布曲线描述的话，只关注处于曲线“头部”的那些少数VIP，而忽略需要花费更多精力或成本处于曲线“尾部”的大多数人。我国传统金融也一直遵循意大利经济学家帕累托的“二八定律”，即企业主要依靠20%的高端客户来获取80%的收益（周明明等，2016）。余薇和秦英（2014）认为，融资的民主化是一把“双刃剑”，在带来便利的同时，也存在着风险，法律技术和制度创新支持是互联网金融发展的必要环境，市场的准入、运作和退出监管是互联网金融的运行条件，数据安全可靠是互联网金融的保障机制，风控成为互联网金融崛起的瓶颈，所以为了最大限度地避免金融系统当中存在的风险，要进一步加强对互联网金融的监管。

（3）网络融资模式的相关研究综述。小微企业具有规模小、轻资产等特征，通常采用知识产权质押融资模式、专利融资模式、项目融资模式、供应链融资模式等（赵驰等，2012；Silvestro，2014）。丁锦希等（2012）认为，知识产权质押融资是拓宽科技型小微企业融资渠道的重要途径，但具有评估难、处置难、风险高的特征。田霖（2013）在金融包容理念下提出桥隧模式、路衢模式、平台模式、金融仓储模式与科技金融模式。张玉明（2014）提出了小微企业互联网融资的六类模式，而风险投资、担保、金融中介等也是缓解小微企业融资难的有效途径（Peneder，2010；Johann et al.，2011），政府引导和市场化运作下的互助担保则是小微企业担保融资模式的最佳选择（钟田丽等，2011）。随着网络技术的应用，互联网金融迅速发展，为科技型小微企业融资模式创新带来新机会（Christen，2013；徐洁等，2014；邓鸿丽等，2015），人人贷、众筹融资、电商小贷模式为小微企业提供了新的融资渠道（谢平等，2012；张岭和张胜，2015）。

王馨（2014）认为，和传统银行金融服务偏向20%的高净值用户的策略不同，互联网金融在面对资金需求市场中，争取更多的是80%“长尾”的小微客户（如小微企业和个体工商户）。黄子健等（2015）认为，互联网金融模式在解决小微企业融资悖论上，最核心的问题就是利用足额的信用资本和强约束的信用抵押，来弥补企业自身实力较弱、抵押品不足的缺陷，而互联网金融信贷模式配合上集约投保、集团承保的保险服务模式，可以产生足额的信用资本，以及强约束的信用抵押，从而帮助金融机构控制小微企业信贷风险，破解小微企业融资悖论。

李素红等（2018）通过充分分析科技型小微企业融资难题，从互联网金融角度出发，创新性地加入区域创投机构，构建多方参与的科技型小微企业互联网融资平台；通过博弈论证明，互联网融资平台能够提高科技型小微企业的融资成功率。互联网金融的产生和发展为我国资本市场的健康发展提供了新动力，也为众多遭遇融资难、融资贵的中小企业拓宽了融资渠道，为解决其现实发展中的资金难题提供了有利条件（刘起贵和钟田丽，2010）。董春丽（2019）认为，互联网金融具备高效率、低成本、广覆盖等特性，对于帮助中小企业摆脱融资困境确实拥有传统金融难以比拟的优势，但也存在技术攻击、安全隐患、监管滞后等特定风险，所以要必须理性看待互联网金融平台下中小企业融资问题。

仲春梅（2010）指出，在网络环境下，随着互联网应用的拓展和深入以及电子商务凸显，民营中小企业利用网络强大的信息平台融通资金已成为必然。叶斌（2001）也发现“Bank to Business 网络融资模式”通过网络融资平台的构建并结合中小企业信用数据库的建设，可以有效解决广大中小企业在融资过程中所产生的问题。随着互联网金融的不断成熟，P2P 网贷作为一种正规金融工具的补充在一定程度上缓解了中小企业融资难问题（赵雅敬，2014）。同时，众筹融资作为中小微企业潜在的融资工具也能够切实发挥作用，而且有很大的成本优势（Natalie，2014）。

鞠冉（2014）认为，在全球网络环境日趋成熟的现实背景下，非营利性众筹融资作为一种创新型金融方式正在全世界范围内推动实体经济产生创新性变化，现代科学技术与互联网金融的发展促进了非营利性众筹融资模式的产生。宁曙然（2015）的研究也发现，伴随着互联网进程的加快，越来越多的企业开始利用互联网融资方式来筹集资金，并且与传统融资方式相比，互联网融资提高了中小企业的融资可得性与灵活性，融资效率也得到了明显改善。陈玉婕等（2015）基于“追梦网”上的项目信息，借助平衡计分卡的思想从项目信息、人力资本与项目风险三个维度，采用 Logit 回归方法对项目众筹成功与否的影响因素进行分析，发现团队规模对融资成功有显著的正向影响，而融资目标金额有负向影响。Dan 和 Orly（2013）、郑海超等（2015）、王琰和朱小栋（2016）也证明了融资目标金额对融资成功的负向影响，而且 Dan 和 Orly（2016）发现，若项目发起人过去有相关工作经历则融资更易成功。除此之外，学者们普遍认为社会资本与融资项目的质量（Mollick，2014）、创业者教育背景（Hsu，2011）、融资公司的地理位置（Hsu，2011；Agrawal 和 Hauswald，2010）都会影响投资者决策，从而决定网络融资是否能够成功。

纪玲珑（2015）基于小微企业的角度研究了互联网众筹融资模式，认为互联网众筹的特点是：突破传统融资的地域局限性、降低了众筹的参与门槛；互联网众筹融资的优势是：众筹平台与小微企业生命周期的匹配程度较高，互联网众筹模式能降低信息不对称程度，并且促进技术创新。但是小微企业采用互联网众筹模式也会出现一些问题，比如募资成功率比较低、互联网众筹领域资金缺口比较大、互联网众筹融资过程中的融资风险比较难管控。张英杰（2017）基于浙江省的实证分析，又围绕重点问题有针对性地选取部分企业进行深度访谈认为，众筹资金的使用缺乏监管，在众筹投融业务中，众筹平台往往承担着多种角色，但这些重要角色地位与责任承担却不清晰；容易使企业核心竞争力缺失；互联网众筹融资项目盈利有不确定性，投资风险还较高；等等。

2.2.5 小微企业融资的相关研究

刘淑莲（2000）认为，不同国家不同地区的企业融资方式的选择受各国经济发展水平、金融市场完善程度等各种因素的影响。市场机制比较发达的国家，直接融资的交易费和风险相对较低，可以有效抑制过度投机行为，这种条件下企业一般采取直接融资方式从金融市场上筹集资金；市场机制相对落后的国家，由于资金短缺与分散、法规不健全、信息不对称，容易导致过度投机行为发生，使经济出现虚假繁荣，金融机构在信息收集、处理和监控方面具有相对优势，有利于克服直接融资的局限性，所以以银行为中介的间接融资就成了发展中国家的主要融资方式（刘淑莲，2000）。

胡恒松（2019）指出，小微企业首贷难的问题非常突出，研究发现只要小微企业与银行之间成功建立信贷关系，只要正常还本付息，就容易继续下去，可是难点就在于促进第一次融资信贷，所以解决首次贷款困难的问题是解决小微企业融资问题的一个重要因素。段胜（2019）通过研究调查在四川省内随机选出的1350家小微企业的融资情况发现，小微企业也存在融资难、融资贵的问题，并且融资的期限结构很难契合小微企业的需求。因为小微企业和民营企业的重合度较高，所以综上文献所述，小微企业融资难是我国现存的一个普遍难题。李建军等（2013）认为，由于正规金融系统的资金难以进入中小企业，所以造成了中小企业融资难的现象。古今中外对企业的融资问题已经有了比较全面和深刻的研究和探讨，然而小微企业如何融资在世界范围内依然是个难题。特别当小微企业面对国际金融危机后，由于我国实体经济受到冲击以及货币政策的调整，小微企业的融资会变得更加困难，而小微企业对我国的就业、经济增长和社会稳定等方面息息相关，是国民经济和社会发展的重要组成部分。所以，如何解决小微企业面临的融资问题，是我国经济发展中急需解决的重要课题（赵亚明和王红江，2012）。

（1）小微企业融资难的因的相关研究。

1）投资风险高。小微企业良莠不齐，许多小微企业违约成本实在太低，投资风险太大，很难得到银行的认可。在社会环境上，小微企业得不到有效的政策环境支持，金融的有效支持也不够，政策的针对性比较差等也使小微企业融资非常困难（马胜祥，2012）。由于小微企业的规模小、固定资产比重低、财务信息透明度低、抵御外部风险能力较弱等经营特征，因此具有独特的融资需求（于洋，2013）。

2）小微企业与银行和金融机构间的信息不对称。因为银行和小微企业之间的信息不对称，商业银行很难有足够的驱动力向小微企业发放贷款，想从根本上解决小微企业融资难的问题，最重要的还是要解决信息不对称的问题（鲁政委，2012）。贾舒（2014）认为，小微企业金融融资的发展仍然缓慢，主要是因为：风险管理组织架构不尽科学合理；贷款定价机制不够科学；由于信息严重不对称，风险预警和信息反馈机制不够完善；商业银行的贷后检查流于形式等。刘满凤和赵珑（2019）认为，信息不对称是市场中普遍存在的现象，危害非常大，在借贷市场，对于大型企业，特别是上市公司，由于信息相对公开，银行等借贷机构获取信息的成本相对低廉，信息不对称程度较低；而对于小微企业，其信息获取非常困难，再加上小微企业还可能刻意隐藏真实信息，所以信息不对称风险较高。

3）政策因素。除了信息不对称和小微企业自身因素外，造成小微企业融资困难的因素还有政策原因，小微企业贷款不良贷款率长期居高不下，势必影响银行开展小微企业贷款业务的积极性（曾玉铃，2012）。

4）小微企业主的融资能力。罗荷花和李明贤（2016）认为，小微企业的企业主基本特征对小微企业融资需求及融资可获得性有重要影响作用，企业主文化程度越高、社会关系越好，对政府小微企业融资政策越了解，越会显著地提高小微企业融资的可获得性。小微企业需要制定一个与企业总资产规模相匹配的期望融资规模，才可能更多地获得贷款人的融资资金，小微企业信用状况越好，其信息披露与公开程度越高，也越能保证贷款资金按期偿还，其融资风险越小，对应的融资成本也就越低，企业融资可获得性越高。

5）融资结构性缺陷。沈黎怡和陆岷峰（2019）认为，导致我国经济环境资金供给和需求不一致的矛盾的主要原因之一是金融供给侧的结构性缺陷，这个缺陷也是造成小微企业融资难的重要原因。

（2）小微企业融资策略的相关研究。

1）给小微企业适当的融资成本。陈隆等（2018）认为，小微企业的融资利率也不是越低越好，一些观点认为小微企业身为弱势群体，过高的融资负担会让小微企业难以承担其成本进而抑制甚至扼杀小微企业的成长和发展。但是事实上，因为大多数金融机构是市场化的、营利性的，仅仅是降低小微企业的融资利率反而不利于它们成功融资，会降低小微企业融资的可能性。并且从企业自身角度来看，比较低的融资成本也会使小微企业想要获得一些不必要的、过度的融资，让小微企业在融资上面变得不够理性导致盲目扩张，这样在经济下行的环境下非常容易引发财务风险（陈隆等，2018）。

2）政策支持。李华民和吴非（2015）认为，2008年以来，信贷水平对比以前有了大幅的提高，小微企业的融资环境得到了一定程度的改善，国家对小微企业融资的政策已经开始有一定的偏向。汤超（2017）提出，可以从税收政策方面给予小微企业扶持来帮助它们完成融资，还能从政府端加强对小微企业的监管，规范小微企业来提高它们的信用评价来间接使小微企业的融资更加容易。如果从信贷政策的视角来看小微企业融资，银行信贷现在作为其相对比较好的选择，在银行和企业之间金融资金供需失衡、市场也失灵的经济环境下，离不开强有力的信贷政策给小微企业融资加以调控和引导（胡恒松，2019）。

3）保持良好的信用。企业信用的评级对决定银行的信任程度来说是一个十分重要的因素，尤其是企业在信贷的过程中，商业银行对企业的信用程度在一定程度上决定了融资的可能性、成本和期限，所以小微企业可以通过降低与银行的信息不对称来促进信贷成交（邓超等，2017）。

4）银行应该给予一定的支持。章更生（2018）从大银行机构的角度出发，认为要解决小微企业融资贵、融资难这个世界性难题，大银行的责任义不容辞，发展小微企业融资业务是一片蓝海，潜力巨大。邓大松和赵玉龙（2017）针对商业银行如何加大支持小微企业的力度提出了几点建议：一是要建立专业化、标准化的经营管理模式；二是建立适应小微企业集群化发展的批量营销模式；三是建立关系型融资下的客户筛选模式；四是建立适合小微企业特点的信用评价模式；五是建立多层次的风险防范体系；六是建立有效的风险监测和预警机制；七是建立差异化的存量小微企业客户动态管理机制。解决小微企业融资难也需要银行从小微企业的融资特点来针对性地给出服务措施，服务也是商业银行的根基，商业银行想要发展必然离不开与小微企业的金融交流和互相成就（刘树俊，2018）。

5）供给侧与需求侧结构性改革。尹亭等（2016）从商业银行发展金融科技的角度研究供给侧结构性改革的重要性及必要性，进而提出商业银行改革的内在逻辑，强调以机制革新矫正传统模式下收益与风险不均衡的状况，重塑收益风险结构。发展小微金融需从需求方与供给侧共同入手。对于小微企业而言，一方面，应该适应市场规律，增强内部管理意识，优化管理结构，健全监管制度（陈素萍，2019)；另一方面，顺应数字化趋势进行内部改造，以物联网技术推动智能化运营，实现资产数字化有利于提高自身经营能力，解决当前信息不对称问题（陆岷峰和汪祖刚，2019)。对于供给侧而言，通过结构性改革弥补融资缺口、发展小微金融业务、转变监管模式等措施可提升金融普惠性（周瑜斌，2016)。

6）发展金融科技。一方面，发展金融科技有利于提升小微企业金融资源可得性，降低金融成本，并进一步推动产业转型升级，同时也能推进机制产品与服务的创新，以精准风控、多样化应用等优势拓开小微金融市场（徐阳洋等，2019；满明俊等，2018)；另一方面，加强小微金融与保险、租赁相结合，推进融资渠道多元化建设对于促进小微金融发展也具有重要意义。就业务转型及产品创新而言，供应链金融是破解小微企业融资难题的重要突破口。以资源共享及系统论原理为指导，该项业务有助于提升供应链短板效益，改善小微企业融资状况（李菲雅等，2017)。

7）创新融资模式。郑文莉等（2019）通过分析我国小微企业融资担保现状认为，要想解决小微企业担保融资困难的问题，必须要创新小微企业的担保融资方式，对法定的担保方式进行突破和创新，构建出一些非典型的担保规则来突破担保困境。谷婷婷（2018）认为，可以依托互联网的技术拓展供应链金融来给小微企业提供在线融资，小微企业的融资风险由供应链上的全部企业共同承担；还可以依托区块链技术，创建成熟的区块链金融模式来帮助小微企业金融融资脱困。

2.3 小微企业网络融资风险相关研究

网络融资的发展正在改变着传统的金融生态环境，带来了新变化和新挑战。贷款人在互联网金融环境下对匿名网络环境下的贷款经验不足，面临的资金交易风险可能更高（Klafft，2008；Bachmann et al.，2011)。网络融资平台是通过对小微企业经营过程中的大数据进行分析，对其信用情况进行评级（彭博，2015)，从而为小微企业发放贷款，这样产生的问题在于信用风险集中在网络融资平台上。同时，由于我国的信用体系尚不健全，小微企业的一些信息不能得到有效披露。网络融资作为一种新业态，其快速发展不可避免会引起某些监管空白，致使难以对其进行有效的监管（张晶，2014），这也是导致网络融资风险的重要原因。此外，网络融资平台的准入门槛相对较低、资金获取渠道广泛，是诱发风险的重要原因（徐韶华等，2014）。

2.3.1 网络融资风险类型与成因的相关研究

（1）监管风险。张英杰（2016）认为，在互联众筹融资模式给中小企业带来快速便捷、多样性的投融资新契机的同时，由于我国互联网众筹市场还处于探索阶段，尚无严格的筛选制度，全世界任何角落的“散户”投融资者都能够通过这一平台参与进来，这就导致众筹项目参差不齐、财务不透明、缺乏第三方监管等各种风险。李有星等（2014）认为，互联网金融主要表现为金融对互联网信息技术的工具性应用，本质上互联网金融仍属金融范畴，互联网金融在发展的同时也出现了风险问题，造成金融安全隐患，对互联网金融应实施监管已逐渐成为国内外金融监管机构的共识。

（2）法律风险。申羽（2015）认为，根据目前国内的众多互联网众筹融资的模式，结合国内现行的法律法规，互联网众筹融资可能面临诸多法律风险。比如刑事法律风险中的非法吸收公众存款、欺诈发行债券、擅自发行债券；民事法律风险中的合同违约纠纷、股权争议、股权退出纠纷；行政法律风险中的证券类性质违法行为、非法集资类行政违法行为、虚假广告性质违法、非法经营行政违法等。马广奇和史梦佳（2016）认为，股权众筹的总体风险等级为中度，股权众筹的法律风险较高是由于在法律上对其仍没有明确的界定，股权众筹涉及的人数众多且金额巨大，往往很容易触及法律红线，道德风险较高主要是由于信息不对称造成的，投资者难以接触到项目的核心数据。杨旻和南晓芳（2015）认为，中小微企业通过互联网融资和电子商务交易引发了诸如合同问题、信息安全问题、纳税及金融风险等一系列问题，政府有关部门虽然针对出现的问题制定出台了一些规章细则，但目前我国还没有制定电子商务法及专门针对网络金融监管的法律法规，使互联网金融服务和操作规程缺乏相应的法律依据。

（3）互联网本身的性质而引发的风险。刘晶晶（2017）认为，“互联网+”背景下，相较于传统民间借贷，互联网民间融资展现出无可比拟的优越性，但也蕴含了非法集资风险隐患，具体表现为私设资金池、非法自融、借款人诈欺风险、股权自众筹等，引发风险的原因主要有监管滞后，早期粗放发展形成积弊，行业自律乏力，征信体系不健全等。刘英卓和赵立永（2008）也指出，商业银行的内外部技术环境还不成熟，对内，银行的经营管理缺乏准备；对外，由于企业和个人在网上的资产信息不全，缺乏社会各方交易的信息流和信息数据。而且，我国计算机系统与网络建设硬件存在风险，安全技术问题亟待解决。

（4）违约风险。根据资本资产定价理论，风险水平发生变化会引起风险溢价和利率水平的变动。Angbazo（1997）对违约风险影响银行利差进行了研究，发现银行利差中反映了信用风险溢价。裘翔（2015）认为，期限错配风险是影响利率决定的重要因素，将期限错配引入商业银行利差决定模型。尹振涛（2015）认为，互联网融资租赁模式在一定程度上对接了融资租赁项目和个人投资者，但却无法对接资金的期限要求，一般而言，融资租赁项目涉及的金额较大、期限较长，而互联网金融以金额小、期限短为特点，造成资金供需两端出现错配问题，这也是互联网融资租赁模式最大的流动性风险隐患，要彻底解决期限和资金错配问题，应该实现期限的分级和债权的市场转让。胡金焱和水兵兵（2020）认为，能否有效降低异常偏高的信用风险关系到互联网金融借贷市场未来的生存和发展，借贷期限非常短和借款者以大量小微企业为主是互联网借贷市场非常重要的两个特征，过短的贷款期限容易使小微企业面临严重的投融资期限错配，从而产生较高的信用风险。尹贻童（2013）指出，由于小微企业具有信息不对称经营风险大、抗风险能力低等特点，因此违约风险也相对较高，这会导致银行蒙受不必要的损失。

（5）知识产权问题导致的风险。知识产权互联网融资平台运营的标的是知识产权，知识产权存在的自身经济价值不稳定导致的经济风险、交易价值不稳定导致的变现风险和权利不稳定等固有特征导致的风险在知识产权融资平台运营中依然存在。在互联网平台中，知识产权融资如果得不到强有力的监管和控制，其产生的金融泡沫将给众多投资人带来巨大危害（刘洁，2015）。魏琼和吕金蓬（2017）基于研究知识产权互联网质押融资的风险角度研究认为，知识产权互联网质押融资是将知识产权融资与互联网金融的 P2P 网络借贷相结合，借款人与贷款人之间缺少承担风险的中间人（传统银行），尽管能利用互联网金融的优势破解知识产权产业化的融资困境，但目前因以P2P网络借贷为代表的互联网金融方式尚未发展成熟，存在多种风险。刘洁（2015）认为，知识产权互联网融资平台借助互联网的技术优势和信息优势，破解知识产权质押融资难题，意图以高效率、低成本的优势破解中小企业知识产权融资的困境。但目前国家对互联网融资平台的监管政策尚未出台，互联网融资平台运营缺少规范指引，存在着诸多安全隐患。

（6）评级系统不完善引起的信用风险。单纯（2015）在分析互联网融资模式的问题时指出，P2P模式的相关法律和监管政策相对欠缺，贷款者动机不纯存在洗钱嫌疑，信用评级方面不完善；众筹融资模式的问题主要是项目审核机制不规范，利益平衡机制不完善，资金链运作太过随意。叶梦琪（2015）认为，互联网融资模式本身的风控体系不完善，由于针对的是资信相对较差、抵押物不足的小微企业，并且央行的征信系统暂时没有对P2P企业开放，就直接造成P2P审贷效率低、客户单体贡献率小以及批贷概率低等问题，还有一大批小微企业对互联网金融融资功能的了解度不足，所以相对比较成熟的大型企业而言，网络融资风险高。

2.3.2 网络融资风险管理的相关研究

网络融资的发展正在改变着传统的金融生态环境，带来了新变化和新挑战。贷款人在互联网金融环境下对匿名网络环境下的贷款经验不足，可能面临的资金交易风险更高（Klafft，2008；Bachmann，2011）。网络融资平台是通过对小微企业经营过程中的大数据进行分析，对其信用情况进行评级（彭博，2015），从而为小微企业发放贷款，这样产生的问题在于信用风险集中在网络融资平台上。同时，由于我国的信用体系尚不健全，小微企业的一些信息不能得到有效披露。网络融资作为一种新业态，其快速发展不可避免地会引起某些监管空白，致使难以对其进行有效的监管（张晶，2014），也是导致网络融资风险的重要原因。此外，网络融资平台的准入门槛相对较低、资金获取渠道广泛，是诱发风险的重要原因（徐韶华，2014）。

魏鹏（2014）认为，互联网金融不仅存在经营主体风险和法律法规风险及技术操作风险，还存在资金安全风险、流动性风险和货币政策风险等。在重视适度监管的同时，还要增强协调监管；充分发挥行业自律组织的作用；加快互联网金融法律法规建立，通过立法明确互联网金融机构的性质和法律地位；完善互联网监管规则，明确互联网金融企业的业务经营范围及监管主体。谭之博和赵岳（2012）提出政府银行与电子商务平台应共建风险池。政府可以通过向风险池注资，利用电子商务平台对中小微企业进行甄选，真正帮助低风险、高效率的企业获得银行贷款。不仅如此，政府也应转变扶持方式，从直接补贴模式转为通过商业方式进行扶持，发挥市场的作用，降低中小微企业的融资成本，解决融资难的问题。而针对电子商务金融安全问题，李治平（2008）提出，商业银行应积极促进电子商务安全风险管理改进的建议。刘鹏肖等（2016）认为，小微企业应提高自身的经营财务管理能力和信用水平，企业要逐步规范企业的财务制度，完善互联网金融相关法律法规建设，加快互联网金融领域的基础性法律立法工作，构建互联网金融监管体系和征信体系。

2.3.3 网络融资风险管理的文献述评

前述文献对网络与小微企业作用、网络融资模式和网络融资风险进行了研究，为本书研究奠定了坚实的基础，但现有研究更多地侧重于网络融资的不同模式进行分析，缺乏对小微企业融资信息不对称与融资模式的系统分析，难以从根本上解决小微企业融资问题。对于网络融资风险的研究更少，且主要集中探讨泛指的融资风险，很少针对小微企业主体揭示融资风险和设计风险防范策略。由此，本书立足网络技术对金融的作用，运用融资理论、社会网络理论等，构建线上线下、传统网络相结合的小微企业多边融资服务模式，进而利用Dematel、Logistic等实证方法甄别风险来源，以演化博弈为分析工具揭示网络融资模式风险的本质及内在机理。在此基础上，构建网络融资风险评价指标体系，利用模糊综合评价方法评价当前网络融资风险的风险等级，利用动静态风险评估技术评估风险程度的动态变化趋势，探寻引起网络融资风险的重要因素，通过仿真技术模拟网络融资过程，阐释破解网络融资风险的多层次策略体系，以期从根本上解决小微企业融资难，促进其实现可持续成长。

3 小微企业成长及网络融资相关理论概述

3.1 小微企业概念界定

3.1.1 国外对小微企业的概念界定

国外早期对“小微企业”没有明确的概念界定，通常通用一个“中小企业”的称谓。一些国家或机构对小微企业的标准主要依托定性和定量两个方面。定性这一方面一般衡量标准为企业所有权结构、经营管理模式以及在本行业所处地位，用以表明小型微型企业的性质、地位和作用。定量这一方面一般是以明确的数字对雇员数、固定资产规模、经营收入等做量化的界定，更便于统计和管理，以下是各个国家或机构详细划分。

世界银行：年销售额和总资产介于100万~300万美元，雇员介于10~50人属于小型企业范畴；年销售额和总资产不超过100万美元，雇员不超过10人属于微型企业范畴。

美国：美国国际开发署规定小微企业为企业主和经营者属于贫困人口，雇员不超过10人的企业。

欧盟：营业额和总资产介于200万~1000万欧元的且雇员介于10~49人的企业属于小型企业范畴；总资产和营业额不超过200万欧元且雇员不超过9人的企业属于微型企业范畴。

德国：雇员小于49人且年销售额不超过200万美元的企业属于小型企业范畴；雇员小于9人的企业属于微型企业范畴。

日本：划定标准于1963年首次在日本《中小企业基本法》明确，1999年新基本法修订后沿用至今。日本主要通过对企业雇员人数进行了规定，其中企业雇员介于10~50人（包含50人）之间的属于小型企业范畴；商业和服务业企业雇员不超过5人、制造业企业雇员不超过20人属于微型企业范畴。

菲律宾：雇员人数介于10~99人且资产总额介于150万~1500万比索的企业属于小型企业范畴；雇员人数不超过9人且资产总额不超过150万比索的企业属于微型企业范畴。

印度：小规模工业、辅助企业投资额低于1000万卢比，或者小规模服务业、商业投资额低于50万卢比属于小型企业范畴；投资额低于250万卢比的企业属于微型企业范畴。

3.1.2 国内对小微企业的概念界定

相比国外，我国企业研究理论中将“户”区分到“企业之外”，从而个体户被排除在企业研究的范畴之外，这是造成理论缺陷的重要原因，因此明确将微型企业概念界定清楚显得非常必要。综观中华人民共和国成立以来关于企业标准划定可以得知，我国也曾多次调整企业规模划定标准。最早在中华人民共和国成立初期以企业职工人数为标准，规定小型企业为员工数500人以下的企业；1962年改为按照固定资产价值数量划分企业类型，除大企业之外的都是中小企业；1978年、1984年、1988年、1992年都又将划分标准进行不同程度的修改和完善；2002年，开始与国际惯例接轨，首次明确提出按照定性和定量标准划分中小企业；2003年，国家有关部门联合下发《关于印发中小企业标准暂行规定的通知》，对中小企业按照员工数、资产总额等指标，详细分为五大行业，对中小企业规模进行了界定。

直到2011年，“小微企业”一词最早由我国著名经济学家郎咸平教授提出，他认为小微企业包括小型企业、微型企业、家庭作坊式企业和个体工商户。2011年6月，国家工业和信息化部联合国家统计局、国家发展和改革委员会和财政部，下发了《关于印发中小企业划型标准规定的通知》（工信部联企业〔2011〕

300 号）文件，而废止了原《中小企业标准暂行规定》，其有关小微企业详细按行业营业收入、从业人数、资产总额量化划定，如表 3-1 所示。

表 3-1 中小企业类型划分标准表

行业类别	划型标准	小型企业	微型企业
农林牧渔业	营业收入	50 万元及以上	50 万元以下
工业	从业人员	20 人及以上	20 人以下
	营业收入	300 万元及以上	（或）300 万元以下
建筑业	营业收入	300 万元及以上	300 万元以下
	资产总额	300 万元及以上	300 万元以下
批发业	从业人员	5 人及以上	5 人以下
	营业收入	1000 万元及以上	1000 万元以下
零售业	从业人员	10 人及以上	10 人以下
	营业收入	100 万元及以上	（或）100 万元以下
交通运输业	从业人员	20 人及以上	20 人以下
	营业收入	200 万元及以上	（或）200 万元以下
仓储业	从业人员	20 人及以上	20 人以下
	营业收入	100 万元及以上	（或）100 万元以下
邮政业	从业人员	20 人及以上	20 人以下
	营业收入	100 万元及以上	（或）100 万元以下
住宿业	从业人员	10 人及以上	10 人以下
	营业收入	100 万元及以上	（或）100 万元以下
餐饮业	从业人员	10 人及以上	10 人以下
	营业收入	100 万元及以上	（或）100 万元以下
信息传输业	从业人员	10 人及以上	10 人以下
	营业收入	100 万元及以上	（或）100 万元以下
软件和信息技术服务业	从业人员	10 人及以上	10 人以下
	营业收入	50 万元及以上	（或）50 万元以下
房地产开发经营	营业收入	100 万元及以上	100 万元以下
	资产总额	2000 万元及以上	（或）2000 万元以下
物业管理	从业人员	100 人及以上	100 人以下
	营业收入	500 万元及以上	（或）500 万元以下

续表

行业类别	划型标准	小型企业	微型企业
租赁商务服务业	从业人员	10 人及以上	10 人以下
	资产总额	100 万元及以上	（或）100 万元以下
其他未列明行业	从业人员	10 人及以上	10 人以下

资料来源：根据《关于印发中小企业划型标准规定的通知》整理所得。

综上所述，虽然国外和国内对小微企业的界定不尽相同，或者同一国家的不同发展阶段也存在差异，但是遵循的原则无非是，地域的差别性、行业的差别性和权威明确性等；我国当前有关划定标准已明显较之前更加权威明了，但是仍与国际标准存在一定差距，比如划型行业过于严格死板、划型标准偏高等。总体上，小微企业总体特点脱不了资产额度小、营业收入低、从业人员少以及数量多、分布广等显著特点。

3.2 企业成长理论

有关中小企业的成长问题，虽然和一般大型企业有不同之处，但是企业成长基本经典理论仍然是研究中小企业成长的基础。企业成长理论起源于 20 世纪 50 年代大规模生产规律的研究，影响企业的因素纷繁复杂，企业成长理论研究也众说纷纭，不同学派和学者从不同视角阐述了企业成长的逻辑，本书根据不同学者专家对企业成长研究角度的不同，将企业成长的基本理论大致归纳为：古典经济学的企业成长论、新古典经济学的企业成长论、新制度经济学的企业成长论、企业成长能力基础论、企业成长的制度变迁论、企业成长资源论、演化经济学的企业成长论。

3.2.1 古典经济学的企业成长论

古典经济学将企业成长问题主要归为分工和规模经济效益的结果，认为企业成长规模和企业数量取决于企业市场容量，并且规模经济存在一定的临界范围，企业成长也受所处行业限制。古典经济学的企业成长论具有代表性的人物有亚当·斯密、马歇尔、斯蒂格勒等。

亚当·斯密（Adam Smith，1776）在其著作《国富论》中最早提及企业成长思想，他通过制针程序分工形成制针厂的例子，解释了劳动分工原理，说明了分工协作和工序专业化促成了企业形成。他的分工理论认为，单个企业成长与企业的分工程度呈正相关关系，企业分工程度增加可提高生产和交易效率，使产量增加、成本降低，进而推动生产规模扩大产生规模，而企业规模扩大后会采用更新的专业化技术，这进一步加深企业工序的精细化，规模报酬进一步递增，企业规模进一步扩大，同时随着分工的自我繁殖，新企业不断出现，如此循环往复最终实现企业成长。斯密的理论没有把企业分工和社会分工区分开，但是它仍然可以解释单个企业规模扩大和市场内企业数量增加的原因。

马歇尔（Marshall，1890）在《经济学原理》中对企业成长问题进行全面深入的研究，他将规模经济论拓展为内部经济和外部经济，此外，还引入了企业家因素和企业的市场结构因素。马歇尔将成长的企业比喻成森林中的树，需要外部经济（成长需要的市场环境和空间）和内部经济（企业自身的管理效应）共同作用；他也否定了主流经济学关于垄断企业的一般思想，他认为企业随着规模不断扩大，有可能形成行业垄断地位，但是企业更可能因为规模的扩大而失去企业灵活性和竞争力，成长的负面效应最终超过正面效应，同时企业家的寿命和精力也会制约企业成长，新企业和年轻企业家不断进入行业，因此，马歇尔的结论为企业的成长过程导致不会有持续的垄断市场存在。斯蒂格勒（Stigler，1975）从企业功能角度重新解释了企业在做到规模经济效益的同时，能达成稳定的竞争均衡水平的原因：产业形成初期，企业大多是全能企业，随着企业内部专业化程度不断深化，实现企业规模扩大，同时产业社会分工水平不断提升，国民经济中企业数量增加。

古典经济学家虽然在某种程度上解释了企业规模成长的本质，但是其并没有对企业成长的决定性因素和企业成长的边界等问题做深入的探析。

3.2.2 新古典经济学的企业成长论

新古典经济学的企业成长论可以概括为企业规模调整理论，从技术角度入手明确了企业成长的最优规模问题，将企业视作一个生产函数来分析生产要素投入与产出之间的关系，认为企业是在利润最大化目标既定的条件下，根据技术水平调整产量达到最优生产规模，或者从非最优规模调整为最优规模的成长过程，并指出只有当企业达到最优企业规模，才能更好地利用先进技术进行分工和专业化生产，这样可以提高投入产出率，降低成本，但超过最佳规模再扩大生产，会导致生产成本增加。

代表性学者观点有：吉布莱特（Gibrat，1931）的吉布莱特定律认为影响企业成长的因素复杂，企业成长是一个随机过程，企业规模对企业成长率没多少影响；Marten Coos（2000）在吉布莱特定律的基础上研究了企业用人行为和企业（或产业）特征之间的关系，从产业组织视角来研究劳动需求和企业成长、产业演化的关系；Nixon（2005）通过研究市场供求因素对企业规模的影响，也得出结论企业成长率与企业规模呈负相关关系。由此可以看出，新古典经济学是一种静态均衡和均衡方法论，这种理论也存在着自身缺陷，没有解释企业成长的真正动因和过程。

3.2.3 新制度经济学的企业成长论

新制度经济学将制度定义为由正式或非正式规则维持的人与人之间的一种契约关系，企业是这些契约关系和生产要素的集合体，新制度经济学认为企业成长就是企业边界扩大的过程，研究企业成长因素就是探究影响企业边界的因素。

科斯（Coase，1937）指出，企业成长既表现为企业边界的扩大，也表现为企业功能的扩展。科斯的交易费用理论侧重从市场与企业的关系探讨企业成长，认为企业成长动力源于节约交易费用，企业和市场是两种可相互替代的资源配置方式，市场通过价格机制进行资源配置，企业存在就是通过自身权威关系代替市场机制配置资源，这种代替关系节约市场交易费用，但同时带来内部组织成本。企业规模的大小由交易费用和内部协调管理费用之间的均衡来决定，市场交易费用大于内部协调管理费用时企业规模扩大，反之企业规模缩小，当交易费用等于内部管理费用时，企业边界达到极限，即最佳适度规模。

威廉姆森（Willamson，1975，1985）沿着科斯的研究思路，进一步解释企业边界问题，他认为资产专用性是决定企业规模的重要变量，同时结合了信息不对称和不完全合约理论。由于企业是通过市场交易关系相联系的纵向连续生产过程实体，中间需以合约牵连，合约总存在经济主体间信息不对称问题，这就产生资产专用性事前投资不足的问题，为解决这个问题，企业会通过前向或后向一体化把市场交易的某些阶段融入企业，同时减少市场机会主义和节约交易费用，这样就形成企业纵向边界的成长。格罗斯曼和哈特（Grossman and Hart，1986）通过强调资产所有权的重要性，进一步明确企业纵向一体化的含义，认为纵向一体化只有在节约的市场交易费用大于合并费用时发生，并提出物质资产专用性和人力资产专用性对纵向一体化具有不同意义。

3.2.4　企业成长能力基础论

企业能力理论强调企业内部的资源、核心技术、技能等核心能力对企业成长的重要性，该理论认为企业是一个能力体系，企业独特的核心能力是企业成长过程竞争优势的源泉，这也决定了企业的边界与规模，企业核心能力理论以普罗哈拉德和汉默为代表。

普罗哈拉德和汉默（Parahalad and Hamel，1990）指出，“企业核心能力”决定企业竞争优势，这些能力指企业配置、开发和保护资源的能力，即企业如何协调众多生产技能和技术流达成一种组织积累性集体学识的能力，一套完备有效的核心能力可使企业制定恰当合理的战略战术。Teece 等（1997）进一步从企业不断适应环境变化角度，提出动态能力观点，即企业必须具有随着不确定的环境不断调整自身知识、技能和资源的能力，动态能力理论表现为企业动态的组织能力。

3.2.5　企业成长的制度变迁论

对企业成长制度变迁论的研究，钱德勒（Alfred D. Chandler Jr.，1977，1992）通过对企业成长路径的研究，发现管理层级制是现代工商企业的显著特征，他以美国企业演进的历史资料详细阐述了古典企业向现代工商企业演进的历史，认为研究企业成长的真正主体应该是现代工商企业，并提出现代工商企业的出现跟两项重要的企业制度变迁有关：一是企业经营管理权和所有权的分离，二是企业内部管理层级的形成。钱德勒还提出了“环境变化—战略变革—结构更新”的企业成长路径，一方面认为技术的发展和市场的扩大是企业成长的根本，这引起企业生产和分配领域的根本性变化；另一方面强调企业内部组织结构变革力量对企业成长起重要作用。这种由古典企业向现代企业的制度变迁是随企业规模扩大而产生的，同时又是维持和保证企业扩张的保证条件。

3.2.6 企业成长资源论

彭罗斯（Edith Penrose，1959，1995）被称为企业资源理论之母和企业内生性成长理论的开创者，她的企业资源成长理论以单个企业为研究对象，从资源论视角首次提出了企业资源—企业能力—企业成长的分析结构。她主张把企业成长看作一个企业不断挖掘新资源进行动态管理的过程，企业成长取决于能否有效利用现有资源状况，而企业资源状况是决定企业能力的基础，其中企业能力的核心是管理能力，与企业成长高度正相关，决定着企业成长的速度、方式和边界，这是一种纯内因成长论。

3.2.7 演化经济学的企业成长论

演化经济学对企业成长的分析，以生物进化论中的遗传、变异和自然选择等物种演化论为类比，更加注重对过程的研究，其中以纳尔逊和温特（Nelson and Winter，1982，1997）为代表。纳尔逊和温特发表的《经济变迁的演化理论》为现代演化经济学奠定了基础，他们认为，企业现有的惯例是企业在组织活动中具有的知识、资源、能力和经验的综合体，它决定了企业成长的方向。一般情况下，假如企业运行没有任何问题能收获“满意利润”，那么企业会按照既往成型的惯例来运作，这种惯例在一段时间内类似“基因”相对稳定。当市场环境发生变化时，企业会根据环境变化需要搜索改变原有的运作方式，即企业惯例就会发生“变异”了，如果修改后的运作方式能够更好地适应环境，那么这个变异的企业惯例就会被沿用下来。这种企业的应变行为被他们称为企业成长。

目前现有经典的企业成长理论，都切中某个方面或侧面对企业成长研究做出了一定贡献，有其流传至今值得思考和借鉴的意义，企业成长基本可以看成由小变大、由弱变强的企业整体扩张的过程，包括量的成长和质的成长两方面，但是现实企业成长是一个随机过程，是诸多因素共同作用的结果，任何一个单独视角都无法全面系统地反映现实企业真实成长过程。这也是笔者梳理本篇企业成长基本理论所感受到的遗憾。

3.3 融资及网络融资理论概述

3.3.1 MM理论之前的早期融资理论

（1）净收入理论。净收入理论认为负债比率越大的企业价值越高，这是因为在净收入理论中，财务杠杆不会影响债务的利息与权益资本成本，所以企业的资本成本可以通过负债来降低。通过这个前提得到的结论就是：企业的负债越多，那么加权平均成本就越小，企业的价值就会越高。当企业的负债比率不断提升时，企业的价值也随之增大，所以当企业的负债率达到100%时企业的价值也最大。

（2）净营业收益理论。净营业收益理论是以总资本成本率和负债成本率都恒定不变为假设前提的。由这个前提引出了净营业收益理论的结论，即因为一个企业的加权平均成本在经营中是恒定且不受其他财务杠杆的变化影响，所以企业的总价值也是不变的，也就是说，企业的价值和资本结构无关。

（3）传统理论。传统理论也被称为“折中理论”，是一种介于营业收益理论与净收益理论之间的理论。传统理论认为，在一定程度内，债务给企业带来的优势会覆盖企业因为财务杠杆导致的成本增加的部分，所以这也就会让综合资本成本处在一个相对减少的位置，从而使企业价值增加。不过如果债务的使用超过一定的程度，债务带来的低成本优势无法抵消权益成本的增加时，综合资本成本就会越来越高，所以当综合资本成本达到这一拐点时，即综合资本成本开始越来越高时，资本结构达到最优。

3.3.2 MM理论

美国经济学家Modigliani和Miller在1958年发表的《资本成本、公司财务与投资理论》一文中，提出了最初的MM理论，开创了现代资本结构理论研究的先河，国外比较统一的看法是：以 MM 理论为界，MM 理论以前的被称为早起融资理论，MM 理论之后的被称为现代融资结构理论。

（1）MM 理论的基本假设。

1）企业的经营风险能够被度量，若企业的经营风险相同，则企业就在同类风险级别。

2）现在和将来的投资者对企业未来的平均营业利润估计完全相同，即投资者对企业未来收益和这些收益风险的预期是相同的。

3）股票和债券在完善市场上进行交易，没有交易成本，投资者可同企业一样以同等利率借款。

4）不论举债多少，企业和个人的负债均无风险。

5）所有现金流量都是年金，即企业的增长率为零，预期平均营业利润固定不变。

（2）MM 理论发展的三个阶段。

MM 理论主要经历了以下三个发展阶段：

1）MM 的无税模型。最初的 MM 模型没有把税收考虑在内。在这一条件下的该模型有两个基本命题：

命题 3-1：负债经营企业的价值等同于无负债企业的价值。公式为：

$$VL = Vu \quad (3-1)$$

其中，VL 表示无负债企业的价值，Vu 表示负债经营企业的价值。

当公司增加债务时，剩余权益的风险变大，权益资本的成本也随之增大，与低成本的债务带来的利益相抵消，因此，公司的价值不受资本结构影响。

命题 3-2：负债企业的权益资本成本等于处于同一风险等级的无负债企业的权益资本成本再加上与其财务风险相联系的溢价，而风险溢价的多寡则视负债融资程度而定。即：

$$KS = Ku + RP = Ku + (Ku - Kb)(B/S) \quad (3-2)$$

其中，KS 为负债企业的股本成本，Ku 为无负债企业的股本成本，Kb 为负债企业的负债成本，RP 为风险报酬，B 为债务的价值，S 为权益的价值。

第一阶段的 MM 理论认为：

在满足以上假设条件的情况下，公司的市场价值独立于它的资本结构，即公司的负债与公司的价值无关，或者说资本成本与资本结构和公司价值无关。因为不考虑公司所得税，并且市场是完全的，尽管负债资金的成本比较低，但是投资者对于不同的负债比率的投资收益率也是不同的，所以一般而言公司的资金成本是会随着负债比率的提高而提高的。因此在实际的市场条件下，最初的 MM 理论并不能被很好地应用。

2）MM 的有税模型。因为最初的 MM 理论假设过于理想化，1963 年莫迪格安尼和米勒对 MM 定理进行了修正，将公司税引入了 MM 定理，发表了《公司所得税和资本成本：一种修正》，并在此基础上更新了两个命题。

命题 3-3：无负债公司的价值等于公司税后企业的现金流量除以公司权益资本成本，负债经营公司的价值等于同类风险的无负债公司的价值加上减税收益（税率乘以债务的价值）。公式为：

$$VL=Vu+TB \tag{3-3}$$

其中，VL 为有负债企业的价值，Vu 为无负债企业的价值，TB 为公司的所得税。

命题 3-3 意味着考虑了公司所得税后，负债经营时的公司价值要高于未负债经营时的公司价值，且负债越多价值越高；当企业负债达到 100%时，企业的价值达到最大。

命题 3-4：负债经营公司的权益资本成本等于同类风险的无负债公司的权益资本成本加上风险报酬，风险报酬则取决于公司的资本结构和所得税率。公式为：

$$KS=Ku+(Ku-Kb)(1-T)(B/S) \tag{3-4}$$

其中，KS 为负债企业的股本成本，Ku 为无负债企业的股本成本，Kb 为负债企业的负债成本，B 为债务的价值，S 为权益的价值，T 为所得税税率。

命题 3-4 表示在考虑了公司所得税后，尽管权益资本成本还会随着负债程度的提高而提升，不过其上升幅度低于不考虑公司所得税时上升的幅度。此特性加上负债节税的利益，产生了命题 3-3 的结果：企业使用的负债越多，它的加权平均资本成本就越低，企业的价值就越高。

第二阶段的 MM 理论存在着明显的不完善：修正后的 MM 理论认为，企业使用的负债越多，公司的资本结构越接近最合理，但是这种情况显然不符合现实，所以为了对修正后的MM理论加以完善，许多学者引入了其他的因素，比如均衡理论、代理成本等。

3）MM理论的第三阶段，也被称为米勒模型。1976年，米勒在估计负债比率和负债杠杆对企业价值的影响时把公司所得税和个人所得税都引入到模型当中了。公式为：

$$VL=Vu+[(1-Tc)(1-Ts)/(1-TD)]\times B \tag{3-5}$$

其中，Ts是股票收入的个人所得税税率，TD是利息收入的个人所得税税率，Tc是公司的所得税税率，B是债务的价值。

米勒模型的结果表明，MM理论公司税模型高估了企业负债的好处，因为个人所得税在某种程度上抵消了企业利息支付的节税利益，降低了负债企业的价值。不过，同公司税模型相似，米勒模型的结论是100%负债时企业市场价值最大。

在第三阶段的米勒模型中，随着对MM理论假设前提的不断放宽，得出的结论为：个人所得税会在某种程度上抵消利息的节税利益，但在正常税率情况下，负债的利息节税利益并不会完全消失。米勒得出两点结论：第一，整个债券市场存在一个均衡值，均衡值决定了整个社会的企业负债资产比例。该均衡值由企业所得税和个人所得税的不同税级决定，它随企业所得税税率增加而增加（相对获得较大的债券免税优惠），随个人所得税税率增加而减少。第二，对单个企业而言，所谓最佳金融结构无法实现。因为同一企业的金融资本构成对不同的投资者个人而言，意味着不同的市场价值。米勒引入需求中的个人所得税分析，经过市场均衡后再达到的MM定量，无论其含义还是证明都比原来的MM定理丰富得多。

3.3.3 优序融资理论

优序融资理论是以MM理论为基石并在这之上做出突破的，因为真实的市场中不可避免地会存在信息不对称的现象，所以美国经济学家罗斯（Ross）于1977年将信息不对称理论引入MM理论模型中，建立了一个新的模型，即信号传递模型。罗斯认为，企业和投资者双方必然存在信息不对称，简而言之，外部投资者没有企业内部经营者所拥有的内部信息，所以投资者只能凭借已知的信息来评价企业的市场价值。1984年，梅耶斯（Myers）和迈基里夫（Majluf）在其发表的《企业知道投资者所不知道信息的融资和投资决策》中，根据信号传递的原理提出了融资的“啄食顺序”，也就是优序融资理论。

优序融资理论认为，所有权和经营权的分离导致了委托代理关系的产生，因为股东和企业经营者的利益并不是完全一致的，并且两者间存在着信息不对称，所以企业在融资时的融资选择上就会有一个最佳选择顺序，也就是首先选择内部融资，然后才会考虑选择长期借款和长期债券，再次是选择发行优先股融资，最后才是选择发行普通股融资。

优序融资理论的假设条件是：除了信息不对称外，金融市场是完全的。优序融资理论的结论：

（1）企业会优先选择内部融资的方式融资。

（2）为使内部融资能达到正常权益投资收益率的投资需要，企业必须要确定一个目标股利比率。

（3）企业选择外部融资时，会偏好选择发行最安全的证券。

优序融资理论认为，企业所有权与经营权的分离会导致经营管理者和外部投资者之间的信息不对称。代表现有股东利益的企业经营者只有在股价被高估时才会为了新项目融资而发行股票，那么外部投资者就会把企业发行新股当成一个不利的消息，致使股价下跌。

而企业出于被动向公众发行新股融资，那么比较低的股价也许会对新项目的融资效率造成不好的影响，即便新的项目预期收益良好，投资者也会低估股价。

所以基于这个认知而引出的优序融资理论的核心观点是，企业在融资途径的选择上是更偏好内部融资的，其次是债券融资，最后是股权融资。随后，梅耶斯在与迈基里夫共同合作的《企业知道投资者所不知道信息的融资和投资决策》一文中建立的梅耶斯—迈基里夫模型，系统地论证了这一观点。另一位优序融资学派学者纳拉亚南（Narayanan，1978）用一种略为不同的方法得出了与梅耶斯—迈基里夫模型相类似的结论。

3.3.4 权衡理论

权衡理论同样也是基于MM理论的，在现实社会中负债是会伴随着风险和其他额外费用的，而MM理论没有考虑到这些因素，为了弥补这一缺口，许多经济学学者们开始把负债的破产成本引入MM理论的体系之中，认为企业最优的资本结构就是在负债的税收利益和预期破产成本之间权衡，称为“权衡理论”。其代表人物包括罗比切克（Robichek，1967）、梅耶斯（Mayers，1984）、考斯（Kraus，1973）、鲁宾斯坦（Rubinmstein，1973）、斯科特（Scott，1976）等。

权衡理论在 MM 理论的基础上，基于实际情况研究了在引入税收、财务困境成本、代理成本等因素的条件下，资本结构对企业的市场价值的影响，它包括负债的好处、权益代理成本的减少、负债的受限、个人税对公司税的抵消作用。所以在实际情况下，债务资本的边际成本和边际收益相等时的比例是企业的最佳资本结构。

权衡理论认为，虽然企业的价值可以通过利用增加债务的方式来提高，但是如果债务比率提高，企业的流动性风险也会提高，企业的财务危机可能性同样提高，严重的可能会导致企业破产。即使没有到破产的地步，不过只要使企业破产的概率或者企业的流动性风险变高，就必然会给企业的运营带来额外的成本，这在现实社会中是一个制约企业无节制负债的重要因素。所以，企业需要考虑负债的“碧水效应”和额外成本两个方面来调整自身的资本结构。根据权衡理论，负债企业的价值等于零负债企业的价值减去预期财务拮据成本的现值加上节税利润。即：

$$Vl = Vu - FPV + TcB \qquad (3-6)$$

其中，FPV 为预期财务危机成本的现值，包括由于债务过高引起的直接或间接的财务危机成本。

企业的最佳资本结构存在于企业负债所引起的企业价值增加与因企业负债上升所引起的企业风险成本和各项费用相等时的平衡点上，此时的企业价值最大。

权衡理论在完善的过程中把代理成本和非负债税收利益损失等因素引入了负债成本中，并且还把税收利益从原来所讨论的负债收益引申到非负债税收收益方面，丰富了成本和利益相关的因素，把企业的融资视为在税收收益和其他种类的负债成本之间的权衡。

3.3.5 代理成本理论

詹森和麦克林在 1976 年发表的文章《企业理论：管理行为、代理成本和所有权结构》中指出，“代理成本包括为设计、监督和约束利益冲突的代理人之间的一组契约所必须付出的成本，加上执行契约时成本超过利益所造成的剩余损失”。他们认为，代理成本几乎存在于所有企业中。所有权和控制权的权权分离导致了代理成本的发生。而研究代理成本问题的主要目的就是在保证代理人利益的同时，最大限度地维护委托人的股东利益问题，来找到这两者利益最大化的均衡点，这也是公司资本结构治理的关键。因为在现代企业中，所有权和控制权分离的企业结构已经非常常见，企业的出资人虽然是股东，但是股东并不会直接干涉企业的经营，而是由专业的经理人代理股东的委托，在一定的范围内管理经营企业，并且企业经营活动而产生的风险全部由股东承担。管理者能在经营企业的过程中控制企业的资本结构，实现股东和管理者的协调，也可以通过设立一个合理的激励机制和约束机制使股东和管理者之间的利益方向一致。

代理成本主要包括三个方面：

（1）监督成本：委托人监视和激励代理人，实现自己的利益最大化。

（2）约束成本：委托人会制约代理人的行为，以防代理人损害委托人的利益。

（3）剩余损失：代理人不一定会按照委托人的意愿经营企业，做出一些对企业不利的决策，给企业带来一定的损失。

代理成本理论认为，较多的流动性资产很容易受到公司内部人的侵蚀或转移，而外部投资者较难进行监督。

资本结构理论也不是完美的，其中的不足主要表现在：①企业的成本不仅只有现阶段的代理成本理论中包含的因素，还存在着大量的其他成本因素，比如企业分权管理的代理成本、职工持股的代理成本等；②计量难度大而且计量本身的成本也很高。

3.3.6 契约理论

融资契约理论是资本供求双方有关资本交易的约定，是企业融资行为的基础。因为MM理论是完全基于资本市场的视角出发的，这也就导致了MM理论的理想化与实际脱离的特点，无法涉及企业自身的各种变量，而融资契约理论在放宽了MM理论假设条件的基础上又引入了不完全契约理论，形成了融资契约理论。因为融资契约理论将理论的视角嵌入了企业内部的各种因素，所以也变得逐步贴合实际，进一步丰富了现代资本结构理论。

在MM理论和代理理论两类资本结构理论中，对剩余现金流权的配置与索取的研究都是以企业控制权既定为前提的。但是，在不完全契约条件下，剩余控制权的不同配置也将影响企业的价值。因为股票和债券代表着不同剩余权利的安排方式，所以不同的资本结构也会影响企业的剩余控制权的归属，从而进一步影响企业价值，这就是契约理论的前提。在大多数企业理论的理解中，控制权的重要性源于其对企业的资产管理人员人力资本的激励作用。但是融资契约理论认为，在不完全契约的条件下控制权的分配是用来解决经理人的私人利益（包括私人的货币收益及个人的成功感、声誉等非货币收益）和投资者的利益（主要是货币收益）间的冲突的。

融资契约理论的关键是处理融资方式和控制权分配两者的关系。当企业的控制权属于股东是最佳选择时，则企业通过发行有投票权的股票来融资；当企业的控制权属于企业管理者能让企业价值最大化时，则企业就会选择发行无投票权的股票等方式融资；当企业的控制权的归属对企业的影响不确定时，企业可以选择债券方式融资。

3.3.7 控制权理论

现代公司股权分离的情况越来越多，并且为了获取控制权出现了“经理革命”的现象，自此开始，公司控制权的问题开始受到经济学者的广泛关注。德姆塞茨认为，企业控制权是一组具备排他性的处置企业资源权利的集合。周其仁对企业控制权的理解与前者基本一致，他认为企业控制权是权力拥有者利用企业资源的决策权和企业运营的管理权。由于不完全合同理论的提出，对企业剩余控制权的研究变得越来越重要，首先提出剩余控制权概念的是格罗斯曼和哈特，他们用剩余控制权来定义企业所有权即产权。哈特认为“剩余控制权是资产所有者可以按任何不与先前合同、习惯或法律相违背的方式决定资产所有者的权利”。

融资契约具有不完全性是资本结构控制理论的前提，该理论的研究目标是如何归属企业控制权来达到企业价值最大化，分析资本结构如何通过影响企业控制权进而影响企业价值。控制权理论的研究一般是以 Berle、Means 范式和 LLSV 范式为基础来研究的。

以 Berle 和 Means 范式为理论基础的理论模型主要有：①Stulz 模型。Stulz 模型研究的是控制权和企业并购二者的关系。②Harris-Raviv 模型。Harris-Raviv 模型研究的是有控制权的经理投票权、负债与股权的比例和并购市场三者之间的关系。③Aghion-Bolton 模型。企业本质上是一组契约，企业控制权的不同安排实际上是不同的契约安排。④Hart 模型。在 Aghion-Bolton 模型基础上，Hart 模型在契约不完全的条件下，引入“公司持续经营与公司被清算”的矛盾，研究了最优融资契约和相应的最优控制权结构。LLSV 范式下，资本结构控制权理论主要代表模型有 LLSV 模型、JBBF 模型以及 FM 模型等，这些模型都是在 LLSV 模型的基础上来拓展的。LLSV 认为，随着股东转移利润的增多，需要的成本也会变高；所以在相同条件下，控股股东的现金流量权越大，就越喜欢通过一般的途径来分配利润。通过研究这些理论模型可以得出的主要结论有两个：一是国家投资者保护机制的完善程度和企业的价值成正比；二是公司的最终控制人持有的现金流量权越高，攫取控制权私利的动机越低，公司价值越高。

控制权理论就是以融资契约的不完全性为研究起点，以公司控制权的最优配置为研究目的，分析资本结构如何通过影响公司控制权安排来影响公司价值。控制权理论对资本结构的本质属性有着更加深刻的理解，它解释了资本结构与控制权结构之间的对应关系，说明资本结构本质上是一种契约要求权结构。控制权理论在 MM 理论的基础上把资本结构与公司治理结构结合起来，让我们意识到资本结构与公司治理结构的巨大相关性。同时，这一理论相比以前的融资理论角度更加微观。

控制权理论理论以交易费用理论、委托代理理论等企业契约理论为基础的同时批判性地发展了企业契约理论。该理论除了将剩余收入权和剩余控制权区分开以外，还对交易费用理论提出了一个合理的分析模型，而且还表现在它找到了科斯定理中配置资源的“权威”，让企业边界的界定更加明确，为企业契约理论提供了规范化分析企业所有权结构（不同的合并类型）的工具。

3.4 风险及风险管理理论概述

3.4.1 风险基本理论概述

“风险”一词的含义，国内外学者给出的含义界定不尽相同，但综观描述，其核心关键词离不了“不确定性”这层含义，如有很多人认为风险是“遭受损失或损害的可能性”。并且，一般来讲，风险主要包括三方面：风险因素、风险事故和损失。风险因素指导致不良后果的所有因素；风险事故指导致风险因素的内在和外在原因，即风险通过风险事故的发生才能导致损失；损失指非故意的、非计划性和非预期的经济价值的减少。有关风险类型，巴塞尔委员会和国际证券组织联合会（IOSCO）发布的场外衍生工具交易的风险管理文件中给出了以下几种风险类型：

（1）市场风险。实质上是指公司的金融工具或证券价值随市场参数变动而波动所产生的风险。这些参数包括利率、汇率、股票指数和商品价格等。

（2）信用风险。对银行信用风险的传统观点一般仅指对方不履约的风险。对风险本质更进一步的解释是：信用风险不仅是对方的违约风险，还可以在更广泛的意义上看作由于公司交易对方在履约能力上的变化而导致经济意义层面的公司资产的价值遭受损失的风险。

（3）清算风险。是指公司不能按期收到对方的资金或工具的风险。清算风险是一种比较复杂的风险，包括限额的制定、交易前核查资金状况、交易记录、交易确认相符、超出控制范围的报告、支付的管理、收款的确认、收款失败管理、活动分析和重点管理等。

（4）流动性风险。公司一般面临两种类型的流动性风险，一种与特定的产品或市场相关；另一种与公司活动的总体资金状况有关。前者是指由于不充足的市场深度或由于市场的中断，公司不能够或不能简单以之前的市场价格或与之相近的价格对冲某一头寸的风险；后者是指交易对方公司不能在清算日截止时履行付款义务或支付保证金的风险。

（5）操作风险。是指信息系统或是内部控制方面的缺陷，会导致意想不到的损失。这种风险由人为错误、系统失灵和不正确的程序及控制所引起。

（6）法律风险。是指合同不符合法律的可实施性或文件是否正确的表述。这种风险不仅包括文件是否具有法律实施性的问题，还包括金融机构是否适当地履行了它对客户的法律和条规职责。

另外，还有一种比较典型的分类，将风险归纳为三大主类：环境风险、流程实施风险和决策所使用信息风险。环境风险指由外部因素引起的可能导致公司产生重大损失或使公司战略目标难以实现的风险，如资本的可获得性、竞争对方的行动及监管条例的变化等；流程实施风险是指因所设计的流程业务活动无法实现其所设定的目标而产生的风险，其原因可能是：流程并没有同公司的战略目标有效地结合起来或流程在向客户提供服务方面失败或流程并未有效运作从而无法保护重大财务资产、有形资产的安全等；决策所使用信息风险指由于决策所使用的信息不完整、过时、不精确或缺乏相关性，从而导致决策失误的风险。如果详细划分上述三大类风险各自包含不同的具体风险，风险体系可以划分很多具体的风险。

3.4.2 风险管理基本理论

有关风险管理的定义，国内外很多学者给出了不同定义，有些人认为风险管理是一项活动，还有人认为是一个过程，但大多数认为风险的管理至少应该包括风险的识别、衡量和控制等环节。如美国国防部（DOD）将风险管理定义为一种处理风险的行为或实践，“包括风险计划，估计（辨识和分析）风险区域，制定风险解决方案，监督风险事件以确定风险评估值的变化，并且归档整体风险管理方案”。我国国内学者许瑾良（2003）则认为，“风险管理就是应用一般的管理原理去管理一个组织的资源和活动，并以合理的成本尽可能减少灾害事故损失和它对组织及其环境的不良影响”。

20 世纪 30 年代，风险管理起源于美国保险业，20 世纪 70 年代，全球性的企业掀起风险管理的浪潮，到 20 世纪 90 年代，发达国家的企业已基本普及风险管理理论以及产生相关实践活动。我国至 20 世纪 80 年代中才引入且主要运用于金融业，进入 21 世纪后，风险管理成为理论研究和企业管理的热点问题。参照风险管理的大事件和一般管理理论的发展历程，可将风险管理发展分为三个阶段：传统风险管理阶段、现代风险管理阶段和全面风险管理阶段。

（1）传统风险管理阶段。在传统风险管理阶段，风险管理的侧重点主要在信用风险和财务风险，因此这一阶段信用风险和财务风险的管理方法已相对较成熟，但比较局限、单一，涉及的层面不够广泛，风险管理方法更是缺乏系统和全面性。在公司内部，风险管理的方法是，各个岗位相关负责人只提出针对自己工作中的风险方法策略，它们各自独立，采用的风险管理方法不同，有时甚至是比较矛盾的工作计划，并且都是事后风险管理。这一阶段也取得了众多理论成果，如1952年，马克维茨发表“组合选择”理论，假定投资风险可以视为投资收益的不确定性，这种不确定性可以用统计学中的方差或标准差加以度量，为金融风险的研究开辟了一条全新的思路。1965年，夏普（Sharp）在马克维茨证券组合理论的基础上研究提出了资本资产定价模型（CAPM）。罗斯（Ross）突破性地发展了资本资产定价模型，建立了套利定价理论。1973年，Black和Scholes发表期权定价公式。这些理论成果大大提高了风险管理的水平和策略。

（2）现代风险管理阶段。

1）风险价值VaR模型。自20世纪90年代起，以VaR（Value at Risk）损失为基础的风险管理方法被提出并逐步兴起。用J. P. Morgun的定义，可将VaR看作在既定头寸被冲销或重估前可能发生的市场价值的最大损失的估计值；或者可以用Joron给出的权威说法，把VaR定义为“给定置信区间的一个持有期内的最坏预期损失”。

2）整体风险管理理论。VaR风险管理技术在对风险进行定量计算上发挥着不可或缺的作用，但它也有明显的局限性，其中最重要的是VaR基于金融资产的客观概率，由于完整的风险管理包括风险识别、测定和控制三个过程，而且对一定量风险进行控制是金融风险管理的最终目的，这必然涉及风险管理的风险偏好和风险估价因素，所以单纯地根据风险可能造成损失的客观概率，只关注风险的统计特征，并不是系统的风险管理的全部。金融风险管理的新进展即TRM系统就是在现有风险管理系统的单一变量，即概率（Probabilities）的基础上引进另外两个要素：价格（Prices）和偏好（Preferences），谋求在三要素系统中达到风险管理上的客观量计量与主体偏好的均衡最优。这样不但可以对基础金融工具风险进行管理，而且也可以管理衍生工具带来的风险，从而实现对风险的全面控制。

TRM技术克服了包括VaR在内的现有风险管理技术的基本弱点，将金融风险管理中的价格、概率、偏好三个要素综合起来进行系统的和动态的决策，从而可以实现金融风险与风险偏好之间的均衡，使投资者承担愿意承担的风险从而获得最大的风险报酬。尤其重要的是它可以使由若干单个决策者组合而成的机构主体在风险管理中最优地控制风险，不至于由于某一决策者的行为而造成整个机构遭受过大的风险损失，正如巴林银行事件所显示的那样。所以 TRM 为完整的金融风险管理开辟了新的道路和视野。

（3）全面风险管理阶段。1997 年，亚洲金融危机爆发，世界金融市场出现剧烈波动，尤其是美国金融业巨子长期资本管理公司事件，对整个金融界警钟长鸣，人们发现金融风险并不是单一存在的，而是往往具有相互联动性、多元性和复杂性，这不得不考虑曾经仅仅依靠单个业务单个风险管理的模式已经过时，而应该站在整个系统的角度对风险进行风险综合管理，由此全面风险管理产生并得到广泛认同。全面风险管理的核心理念是“整个机构内各个层次的业务单位，各个种类的风险通盘管理”，全面风险管理系统不仅要求处理市场风险或信用风险，还包括其他各种风险，将全部风险综合考量处理，而不是分离处理。

1）全面风险管理理论的形成和发展。1999 年，《巴塞尔新资本协议》的形成成为全面风险管理发展的一个推动力，其将市场风险和操作风险纳入资本约束的范围，提出了资本充足率、监管部门监督检查和市场纪律三大监管支柱，其中蕴含了全面风险管理的理念。

2）COSO 的风险管理整合框架。2004 年，COSO 适应时代的要求，出台了《企业风险管理——整合框架》。COSO 的风险管理整合框架中的风险管理概念、内容、框架构成了现代全面风险管理理论的核心。整体风险管理（Enterprise Risk Management，ERM）框架定义了全面风险管理，阐述了原则、模式、标准，为企业和其他类型组织评价和加强全面风险管理提供了基础，并引入了风险偏好、风险容忍度、风险度量等概念和方法，为衡量企业风险管理的有效性提供了指导。

COSO 将全面风险管理定义为，一个受该实体的董事会、管理层和其他个人影响，并应用在整个机构战略设定中的过程。它被设计用于识别影响整个实体的潜在重大风险，能根据该组织的具体情况提供一个风险管理框架，并为组织的实现提供合理的保证。ERM 框架对全面风险管理的定义下得比较宽泛，可以运用于不同组织、不同行业和不同领域。定义的重心直接落在特定组织目标的实现上，为评价全面风险管理的有效性打下基础。

全面风险管理框架有三个维度：一是风险管理目标维度。风险管理目标和组织的风险要求紧密联系，决定着组织经营活动中对风险的容忍度。整体框架所界定的目标有四类：战略目标、经营目标、报告目标和监管目标。这种分类可以把重心放在全面风险管理的不同侧面，不同类型的目标互相重叠，一种特定的目标可能会落入不止一个类别，不同类别的目标对应组织的不同需要。二是风险管理要素维度。全面风险管理包括八个方面的要素，即内部环境、目标设定、风险识别、风险评估、风险对策、控制活动、信息和交流、监控，这几个要素来自管理层经营企业的方式，并和管理流程整合在一起。八个要素相互独立、相互联系又相互制约，共同构成了全面风险管理这一有机体系。三是企业组织层级维度。企业的各个层级包括组织的高级管理层、各职能部门、各条业务线及下属各子公司，组织里的每个人对全面风险管理都负有责任。全面风险管理框架三个维度的关系是，全面风险管理的八个要素都是为组织的四个目标服务的；组织各个层级都要坚持同样的四个目标；每个层级都必须从以上八个方面进行风险管理，该框架适合各种类型的企业或机构的风险管理。

全面风险管理模式可概括为全球的风险管理体系、全面的风险管理范围、全员的风险管理文化、全程的风险管理过程、全新的风险管理方法、全额的风险计量。全面风险管理过程应用于企业内部每个层次和部门，考虑组织内所有层面的活动，从企业总体的活动（如战略计划和资源分配）到业务部门的活动（如市场部、人力资源部）再到业务流程（如生产过程和新客户信用复核）。全面风险管理是一种对原有风险技术和方法的创新性整合，风险管理本身具有众多理论和方法，只有对其进行不断整合和创新，才能适应企业管理风险的需要。

4 我国小微企业发展现状分析

——基于 15 个省市的调查

4.1 研究背景

小微企业在促进经济发展、扩大社会就业、推动科技创新和产业结构优化等方面发挥着重要作用，然而却存在严峻的生存问题。掌握小微企业发展现状及存在的问题，实施扶持和促进其发展政策的形成具有重要的参考价值。依据企业仿生学理论从内外两方面设计问卷，对广东、浙江、天津等 15 个省市的小微企业进行调查，获取有效调查问卷 1323 份。进而利用统计方法揭示小微企业在管理、融资、营销、创新等方面的问题，并据此提出相应的发展对策与建议。

2011 年，工信部对中小企业的划型标准首次区分了中型、小型和微型三种类型。其中，小微企业是小型企业、微型企业、家庭作坊式企业、个体工商户的统称，小微企业标准的提出成为国家制定或出台相关的扶持政策的重要依据。现阶段，我国经工商登记注册的小微企业超过企业总数的 90%，提供了 85%的城乡就业岗位，最终产品和服务占 GDP 的 60%，创造了一半以上的出口收入和财政税收。尽管小微企业在我国经济社会发展中发挥着十分重要的作用，但受资金、技术、人才、信息等制约，加之资源环境约束强化、金融危机负面影响、市场竞争日趋激烈和国内金融市场发展缓慢等多种因素，形成了小微企业“浪尖上跳舞”的局面，其生存状态却一直不容乐观（统计数据显示，其平均生存年限仅 2.9 年）。

如何支持小微企业摆脱“短寿命、高失败”的困境，促进其持续成长和实现又好又快发展，对于我国经济克服国际金融危机影响、保持国民经济平稳较快增长、实现“十二五”规划纲要的既定目标和满足党的十八大报告要求，具有重要战略意义。在此背景下，针对广东、浙江、天津、山东、河南、湖北、云南、新疆等15个省份的10000多家小微企业展开问卷调查，就小微企业的内部发展条件和外部生存环境等方面所面临的问题进行了剖析，以期为有关小微企业发展的政策形成和支持小微企业实现可持续发展提供理论依据。

4.2 相关文献回顾

小微企业发展中的地位和发挥的作用具有明显的不对等性，在一定程度上阻碍了其实现可持续发展的通道。如何有效促进小微企业发展是各国都不得不面对和解决的难题，这也是企业界和学术界长期关注的重点。尽管此研究视角越来越丰富，相关理论与实证研究成果也越来越多（如企业资源理论、企业仿生化、企业演化等），但实际上小微企业这一特殊群体在很长的一段时间内并没有被单独区分开来，而是一直与中小企业作为一个统一的群体。我国也是在2011年工信部发布的《中小企业划型标准规定》中提出了微型企业这一类型，正式从主体地位上明确了小微企业的“身份”。此后，小微企业的研究在国内逐渐丰富起来。

根据对相关文献的检索梳理发现，我国学者对小微企业的研究重点主要聚焦于几个关键词：融资、创新、金融、市场、政策等。其中，融资方面的研究文献数量最多，主要集中在融资特点（何健聪，2011；李明星等，2013；徐洁等，2014）、融资障碍（马胜祥，2012）和融资对策（巴曙松，2013；于洋，2013）三方面。在促进小微企业发展的金融方面研究主要是关于金融支持（李建林和赵玲，2013）和金融创新（韩刚，2012），在市场方面的研究主要是关于小微企业竞争优势形成（蒋天颖等，2013），在政策方面的研究主要是财税政策及其绩效评价（马乃云等，2012；黄洁莉，2012）。从以上对有关小微企业的研究可以看出，多数研究主要探讨了小微企业发展的融资问题，且从不同的角度分析如何有效解决小微企业的融资困境。在此基础上，进一步分析了促进小微企业成长的可行性研究路径和相应的策略。已有的文献多以规范性分析为主，这些研究从不同侧面对小微企业发展进行了分析描述，对丰富和完善小微企业研究的理论体系有重要的作用，为书文调查问卷的形成提供了重要基础，但相关数据的不足对实际扶持政策的出台缺乏足够的实践依据。因此，对我国小微企业开展全面的抽样调查，系统地掌握有关小微企业发展的资料，不仅对理论研究有重要价值，而且有助于为相关政策或扶持小微企业发展提供重要依据。

4.3 小微企业调查问卷设计

小微企业作为经济社会的细胞，影响其发展的因素来源诸多且难以甄别。然而，揭示这些影响因素对实施促进和推动小微企业成长的政策出台具有重要的作用。尽管影响小微企业发展的因素很多，但归结起来无外乎内部因素和外部环境。内因是小微企业发展的根本动力，外因则是其发展的重要制约，两种作用使其从无序到有序，从低级形态向高级形态跃迁。这一过程如同生命的演进，把小微企业作为生命体来探寻其发展就顺理成章了，企业是生命体的假设也已得到了越来越多的研究支持（韩福荣和许艳梅，2002；张玉明等，2010）。基于这一考虑，在问卷设计时采用了企业仿生学理论。企业仿生学是以生物各种各样的特征为模拟对象，认识企业及环境中的各种现象，研究企业个体自身的稳定和调节功能及其成因，掌握企业成长规律，寻求企业生存和持续成长的有效途径。按照仿生学的研究逻辑，本书从内部条件和外部环境两方面构建了小微企业发展的调研问卷。

4.3.1 问卷设计原则

小微企业作为生命有机体，要维持自身发展的动态有序，达成一种活的有序，必然要与外部环境不断地进行物质、能量和信息方面的交换，尤其是在面临复杂多变的环境条件下。这一过程也说明小微企业的发展是内外部因素共同作用的结果。内部因素是小微企业主动适应环境变化的根本原因，外部环境则是促使其改变的外在压力。因此，在设置小微企业调查问卷时，充分考虑了内外两方面的因素，设定了如下基本原则：

一是充分体现小微企业成长的生命体特征。借鉴仿生学相关的理论，在整个问卷的设计过程中都力图体现企业的生命体假设。外部影响因素的选取，反映了小微企业作为生命体，与外部环境之间的必然联系；内部影响因素的选择体现了小微企业的自学习和反馈机制，内外因素共同反映小微企业的生命性特征。

二是强调小微企业发展的持续性。从内外两个层面的问卷体系设计，体现了小微企业的发展与外部环境的互特性，基于小微企业成长过程的因素设计注重了反映决定其发展的根本原因，而在外因方面则强调了一些对小微企业发展具有长期性作用的关键选项。

三是注重问卷设计的整体性。在整个调查问卷的设计过程中，需要从全局的角度考虑问题间的内在逻辑，即各问题在时间、空间、分布等方面应相互联系和相互补充，系统地反映小微企业发展的主要方面。

四是强化可比性和操作性。在实际问卷的设计过程中，可比性和操作性是两个关键的方面。可比性就是强调要考虑到问题设计的实际可行性，能够通过调研获得的数据形成有价值的结论。无论设计哪种类型的问卷，最终形成的建议都应具有良好的操作性，以能够为政策推出提供重要的参考依据。

4.3.2 问卷构建

研究过程所使用的调查问卷是建立在已有研究成果的基础之上，并依据相关专家、企业管理者等的相关建议对问卷进行了适当修正。问卷设计过程主要包括文献研究、专家和企业访谈、预调查、正式调查四个步骤。其中，文献研究主要是搜集和分析国内外学者相关研究，为问卷设计提供借鉴和理论依据，以提高问卷可靠性。同时，访问政府及相关科研机构网站，了解最新研究进展，以提高问卷适用性和实证研究结论可靠性，在此基础上形成问卷大纲。在专家和企业访谈过程中，主要是根据大纲对有关专家和企业家进行访谈，检验问卷合理性，形成问卷初稿。小样本预调查中，通过预调查，发现问卷初稿中部分问项有理解困难或语句偏差问题，据此对相关内容进行调整。最后，根据预调查发现的问卷中存在的问题，对问卷进行优化并形成正式问卷。

4.4 样本情况

根据实地调研获得的数据，本书从数据来源、样本的行业分布，以及样本的地域分布特征对调查样本进行简要说明。

4.4.1 样本数据来源

本书对小微企业标准的划分是依据工信部等部委制定的《我国企业划型标准》来界定的，所使用的小微企业样本数据由《我国小微企业动态发展数据库建设研究》课题组组织，通过相关省市的工信厅、发改委、中小企业局、统计局，以及大专院校的部分人员帮助发放和回收。调研历时 2 个月的时间，共发放问卷累计 10000 份，问卷的回收率为 25%，剔除部分存在重复或不合理的问卷，共获得有效问卷 1323 份，主要来源于国内东、中、西部的各省市。样本的隶属关系、行业分布、地域分布和规模分布等基本特征与小微企业的总体分布情况接近，从而在一定程度上可以反映出我国小微企业发展的总体，数据具有较高的信度，可以开展相关的实证研究，确保研究结论具有较好的可信性。

4.4.2 样本数据行业分布

在样本的行业分布方面，前期调研时借鉴了国家统计局发布的行业分类标准(GB)、中小板上市公司行业分类标准，划分了 15 个类别，具体的分布情况如表 4-1 所示。

表 4-1 样本数据的行业分布情况描述

所属行业	企业数（家）	百分比（%）	累计百分比（%）
农林牧渔业	48	3.6	3.6
工业	370	28.0	31.6
建筑业	45	3.4	35.0

续表

所属行业	企业数（家）	百分比（%）	累计百分比（%）
批发业	103	7.8	42.8
零售业	236	17.8	60.6
交通运输业	15	1.1	61.8
仓储业	13	1.0	62.7
住宿业	12	0.9	63.6
餐饮业	77	5.8	69.5
信息传输业	20	1.5	71.0
软件和信息技术服务业	76	5.7	76.7
房地产开发经营	17	1.3	78.0
物业管理	20	1.5	79.5
租赁和商务服务业	23	1.7	81.3
其他	248	18.7	100

从表4-1的行业分布情况来看，被调研对象的分布相对较为集中。其中，零售业和工业所占的比重最高，二者占到总样本量的45.8%。信息传输业、软件和信息技术服务业的占比相对较小，占全部样本的7.2%。仓储和住宿业的样本规模最小，二者仅占全部样本总量的1.9%。

4.4.3 样本地域特征情况

依据我国经济发展水平和地理位置特征，一般划分为三大经济区，即一般所指的东、中、西部。按照国家统计局适用的地域划分标准，表4-2给出了调查样本的地域分布情况。

表4-2 样本地域特征分布

地域分布	数量（家）	百分比（%）	累计百分比（%）
东部	694	52.46	52.46

续表

地域分布	数量（家）	百分比（%）	累计百分比（%）
中部	356	26.91	79.37
西部	273	20.63	100

从表4-2的结果可以看出，东部地区的小微企业占比最高，超过了半数以上，中、西部地区的小微企业分布差异不明显，中部地区比西部地区高出6个百分点。从样本的这种分布特征也可以看出，东部地区的小微企业分布相对广泛，也与当地的经济发展水平具有一定的匹配性。

4.5 小微企业发展存在问题分析

在前面理论分析的基础上，接下来对问卷的调研情况展开分析说明，主要涵盖了企业家、人力资源、融资、市场营销、企业外部环境五大方面的内容。

4.5.1 企业家与管理能力

（1）年龄以中青年为主，受教育程度相对较高。从企业家的年龄、受教育情况等背景特征来看，超过40%的被调查企业的企业家年龄集中在36~45岁，一定程度上表明了小微企业企业家多数具有了一定的从业经历。从受教育程度情况来看，78.4%的被调查企业的企业家学历为本科和大专，学历在研究生以上的仅占7.1%，反映出我国小微企业企业家具有相对较高的学历水平，这对企业的长期发展来说具有积极的作用。

（2）企业家管理有待提升。进一步对企业家的机会把握能力、市场开拓能力、战略目标与计划制定能力等进行了调查。其中，只有7.0%的被调查对象认为企业家具有很高的机会把握能力，超过半数的企业认为企业家机会把握能力一般；接近60%的被调查企业认为企业家把更多的精力投入在市场开拓方面，但对于企业家的决策能力和战略目标与计划制定能力的调查却表明，分别只有13.6%和10.7%的被调查对象对企业家的上述两项能力给出了较高的评价。对于企业家的学习和接受新事物程度的调查发现，很重视专业性学习和经常参加业内交流活动的企业家的占比分别为10.6%和10.8%，反映出小微企业的企业家的接受新事物的能力还有待进一步提升，以保障企业的发展能够适应快速发展和动态变化的外部环境（见表4-3）。

表4-3 企业家能力调查的统计描述 单位:%

问项	很好	好	一般	较弱	弱
企业家受教育程度	1.1	6.0	44.3	34.1	14.5
企业家年龄	2.1	25.5	48.8	20.9	2.6
机会把握能力	7.0	36.0	53.6	3.0	0.4
市场开拓能力	19.6	39.7	38.5	2.0	0.1
管理决策能力	13.6	38.3	44.0	3.8	0.3
战略目标与计划制定能力	10.7	38.6	42.7	7.6	0.4
经常参加一些专业性学习	10.6	33.7	41.9	12.3	1.6
经常参加企业家交流活动	10.8	31.2	43.4	12.4	2.2

4.5.2 人力资源与技术创新能力

（1）人才匮乏。从表4-4可知，在被调查的样本企业中，平均22.2%的人员从企业中分流。从被调查企业的人员受教育情况来看，研究生及以上人员占比仅为0.6%，接近70%的企业认为企业的高学历人才占比不到10%。从受调查企业的从业人员职称情况来看，74.6%的企业具有中级及以上职称的人员占比在10%以下。进一步对企业的培训情况调查发现，4.3%的企业具有相对强度较高的培训，显然在人才培养方面小微企业还是非常薄弱，这在一定程度上也会影响人才的忠诚度。以上调查说明，我国小微企业的人才拥有率比较低，加之相对较高的人才流动性，以及较低的培训强度和科学的培训体系，一定程度上加剧了小微企业的人才困境。

表 4-4 人才情况描述性分析 单位：%

	很好	好	一般	较弱	弱
人才流动程度	7.5	14.7	58.3	15.9	3.7
员工的培训强度	3.2	10.3	51.8	30.3	4.3
激励机制完善程度	36.8	10.3	35.0	16.6	1.3
工作满意程度	35.0	7.5	36.4	19.1	2.0
研究生学历人员占比	49.4	17.7	29.7	2.6	0.6
中级职称人员占比	74.6	18.2	1.1	3.5	2.6

（2）从表 4-5 可以看到，技术创新能力不高，对研发重视程度较低。从抽样调查结果来看，认为企业知识管理体系和知识产权自主性水平很好的企业占比分别为 4.0%和 3.7%。较好的占比分别为 13.0%和 11.3%，企业知识管理体系和知识产权自主性水平一般的占比最高分别为 52.5%和 55.0%。其余企业相对较差。

表 4-5 创新基础情况描述 单位：%

问项	很好	较好	一般	较弱	弱
企业知识管理体系建设	4.0	13.0	52.5	24.6	5.9
企业知识产权的自主性	3.7	11.3	55.0	23.1	6.9

从研发投入强度和研发人员比重两方面来看，接近 70%的被调查企业的研发投入强度小于 3%，近 40%的被调查对象无研发投入；大多数小微企业无研发人员或研发人员只占人员总数很小的比例，66.9%的小微企业研发人员占比不到 5%，仅有 2.4%的企业研发人员占比在 30%以上。从创新成果方面来看，83.8%的被调查企业没有著作权，77.4%的小微企业没有专利，75.9%的小微企业没有专有技术，而在新产品开发方面，仅有 1.2%的企业很重视，超过 90%的企业没有新产品开发能力或不重视新产品开发。这说明我国小微企业的研发能力比较薄弱，对外的技术依赖性比较高，新产品开发不足，致使新产品缺乏竞争力。

4.5.3 企业财务与融资状况

（1）企业融资现状。在接受调查的小微企业中，仅有 11.9%的企业认为不存在资金问题，多数被调查企业认为资金缺口相对较高。但与此同时，企业融资难度很大，超过77%的企业认为很难获得资金支持。尽管近年来银行类的金融机构在支持小微企业发展方面做了较多的努力，但被调查企业的情况表明，72.1%的企业从银行获得贷款有较大的难度。这在一定程度上反映出我国小微企业还面临较为严峻的融资难题，银行等金融机构如何进一步扶持小微企业发展，提高小微企业融资的便利性，将有助于促进其实现健康发展的重要条件。

（2）资金来源。从表4-6中可知在调查过程中，主要考虑了创业期的资金来源和成长期的资金来源。调查结果显示，创业期的资金来源主要依靠自有资金，其次是亲朋借款，再次是银行贷款，员工集资、风投资金、政府资金获取的比例较小。其中，近半数的小微企业在创业期依靠自有资金，另有25.3%的创业期资金来自亲朋借款，来自政府的扶持资金仅为0.9%。在成长期，排在前三的依次是自有资金、亲朋借款和银行贷款，获得政府扶持资金的占比提高到1.4%。从小微企业希望获得的融资方式来看，22%的企业希望使用自有资金，而32.2%的企业希望能从银行获得贷款，10.7%的企业希望得到政府的资金支持。

表4-6　小微企业不同阶段资金来源　　单位:%

问项	自有资金	银行贷款	亲朋借款	政府资金
创业期资金来源	40.6	18.9	25.3	0.9
成长期资金来源	37.1	19.0	28.4	1.4
最希望的融资方式	22.0	10.7	32.2	10.7

（3）小微企业不能获得贷款的原因主要是担保的缺失。被调查企业认为银行贷款需要抵押，抵押物主要是个人财产和不动产等，无形资产的方式相对较少，但小微企业往往缺少这方面的条件，阻碍了其从银行获得贷款资金的通道。在办理贷款遇到阻碍的原因中，抵押或担保物不足是最主要的原因，占到样本总量的36.3%，其他几个原因依次是财务状况不佳、贷款项目风险高和不能提供贷款索要的材料。

以上情况进一步说明，我国小微企业获得资金的渠道相对比较单一，贷款方式不够灵活，实际从市场中获得资金的渠道与企业希望获得资金的渠道匹配性程度不高，加之小微企业自身存在的一些问题，导致现有的资金融通渠道难以有效满足小微企业实际发展需要。

4.5.4 市场营销与竞争情况

（1）营销投入力度小，网络覆盖面小。小微企业由于受到自身规模等因素的影响，营销投入往往不足，从被调查企业的情况来看，76.9%的企业投入力度较小，13.8%的企业几乎没有营销投入。营销投入的不足，降低了其在较大范围内市场的覆盖，不能有效地建设分销渠道，导致产品或服务无法有效地覆盖大区域市场，56.8%以上的企业只能实现所在县域一级的市场覆盖。

（2）生产水平相对不高。小微企业的生产设备相对落后，79.4%的被调查企业认为企业现有的生产设备比较落后。同时，生产过程信息化程度不高，78.6%的被调查企业的生产信息化水平较低，主要还是采用传统的生产方式，从而也对企业产品的升级改造造成了诸多障碍，影响了产品的市场竞争力。

4.5.5 企业外部环境与社会服务

（1）法律环境。在调查问卷中就法律环境的评价设计了5个问项，分别为政策法律的完善程度、政策法律执行情况、政策法律合理程度、知识产权保护力度和贸易环境公平程度。每个问项分为好、较好、一般、较差、差五个评级。调查结果显示，在对政策法律环境的评价中，多数评价集中在“一般”，且评价具有较好的一致性，分布在50%的水平，分布比例依次为44.5%、48.6%、51.0%、48.5%、58.7%，回答较好的比例依次为35.1%、34.4%、35.2%、30.5%、29.0%。对比可以看出，回答政策法律环境“一般”的比例要高于回答“较好”的比例。另外，在五个问题的回答中，对“贸易环境公平程度”的评价较低，说明多数企业认为目前的竞争环境还不够公平。综合来看，调研反映出小微企业只是认为现阶段的政策法律环境尚可，距离满意的标准还有一定的差距。

（2）财税政策。在有关财税政策环境调查的七个问题中，在“财政科技拨款强度”“政府贴息贷款力度”“创新扶持资金力度”的投入评价中，对三个问题回答在“一般”水平的占比分别达到58.3%、56.3%、62.0%，评价较好的比例分别仅为5.9%、9.0%、5.6%，这表明在扶持小微企业的财政投入方面还没有达到小微企业群体的预期，相对差距较为明显。在有关税收扶持政策方面的评价中，79.6%的小微企业群体对“企业税收减免力度”的评价在“一般”以下，73.7%的小微企业群体对“产品出口税收优惠程度”的评价在“一般”以下，另有79.0%的小微企业对“税收和税外费用负担程度”的评价在“一般”水平以上。从以上关于财政支持和税收扶持的评价中可以看出，小微企业对此还无法达到预期的效果。

（3）创新环境。在创新环境方面共设计了公共数据平台建设状况、企业间合作程度、与政府机构联结程度、技术扩散程度、科技信息传递情况、人才流动情况六个问题。在对这六个问题的评价中，分别有59.2%、60.1%、58.0%、63.2%、65.2%、62.5%的评价在“一般”水平，评价为较好的分别占比为12.7%、15.5%、20.8%、12.8%、17.4%、18.2%。从两组数据的简单对比可以看出，现阶段被调查企业对创新环境的评价相对较低，一定程度上反映出小微企业对创新环境仅是认为尚可，在促进小微企业创新方面还有待进一步完善。

（4）金融环境。在金融环境方面主要设计了五个问题：民间资本充裕程度、政策性资金支持力度、资本退出渠道宽敞程度、税收支持程度、金融机构完善程度。认为金融环境一般的比例分别为64.0%、66.3%、66.3%、58.7%、60.7%，认为金融环境较好的比例依次为14.7%、16.5%、16.5%、22.0%、23.2%，认为金融环境较差的比例依次为15.5%、13.6%、13.6%、11.7%、12.6%。从对金融环境评价“较好”和“较差”这两组数据的对照来看，两组数据的结果比较接近。这可以理解为小微企业对现阶段的金融环境认为尚可，但还不是很满意。

（5）社会服务。从总体上来说，小微企业对从政府获得的服务并不是很满意。其中，在26.2%的小微企业对政府的服务支持力度评价为“较好”，23.1%的小微企业认为信用体系建设“较好”，但同时也有17.9%的企业对信用体系建设评价为“较差”。同时，对基础设施建设方面，小微企业的评价在“较好”水平的占比为27.9%。另外，25.2%的小微企业认为各种规费和税外费的收取程度较高。以上的调查分析表明，在扶持小微企业发展的社会服务方面与小微企业的实际需求还存在一定的不匹配，针对性不是很强。同时，对一些服务性收费还比较多，一定程度上给小微企业的发展造成了负担。

4.6 结论与建议

（1）从问卷调查的数据统计可以发现，我国小微企业的主要特点是数量众多、起点低、规模小，多分布在技术含量相对较低的行业。在经济全球化和竞争日趋激烈的环境中，小微企业要在竞争中生存并得到良好的发展，需要不断提升企业的创新能力，从传统的资源要素密集型行业转型升级为技术资本密集型的行业。否则，在新的竞争环境中，技术的进步和互联网的发展很可能将小微企业灵活的优势转变为劣势，将会面临更加严峻的生存危机。

（2）企业家素质需要进一步的提升。从问卷调查的结果可以看出，我国小微企业的企业家群体的能力还需要提高，尤其是带有扭转局势的企业家仍是稀缺性资源。从企业家的总体情况来看，尽管他们的学历和经验比之前有了较大的改观，但相比复杂多变的动态环境，小微企业的企业家需要具备更加卓越的决策能力和机会把握能力，才有助于保障企业的竞争优势的维持。

（3）阻碍我国小微企业成长的障碍。从统计分析结果可以看出，小微企业成长的主要障碍是资金瓶颈、人才匮乏、创新能力弱。针对这些问题，必须要做好以下两方面的工作：一是构建多层次的资本市场体系和畅通的资金融通渠道。在解决小微企业融资的瓶颈过程中，除了要确立激励现有银行体系为小微企业服务的机制，加大小微金融支持的力度，还要加强适应小微企业这一群体需要的民间融资机制，发挥地方性银行或民营银行、贷款公司的地域优势。同时，要借助互联网技术手段，逐步建立和完善资金供需双方直接融通的渠道。在这一演进过程中，政府需要加大力度推进信用体系建设，整治社会信用环境的不良状况，切实地帮助小微企业打通多渠道的资金融通通道。二是培育适应小微企业人才成长的外部环境，逐渐形成小微企业人才培养、流通、使用、评价的市场机制，为优秀的人才成长创造宽松的外部环境。在此基础上，制定人才政策的吸引机制，有效地吸引国外、其他地区的高水平人才服务于当地的企业。再就是加大中介机构的规范化建设，为小微企业的人才培养提供专业的第三方培训体制，从而帮助企业培育适合自身发展的人才队伍。

（4）政府在政策层面要尽快优化完善小微企业的支持体系，具体包括法律环境、财税政策环境、行业政策、金融政策、区域政策，以及社会化服务体系等。政策体系的建立和完善，要确立小微企业的市场主体地位，在一定程度上能够享受与大企业同等的公平竞争环境。同时，从财税政策体制方面，加快确立扶持小微企业发展的政策，给予小微企业发展相对更加有利的税收待遇，帮助其提高生存能力。在产业政策方面，要有效利用市场调节机制，确保公平的竞争环境，避免或减少无限制的过度竞争。在金融政策方面，应逐步有条件地放宽金融业的进入门槛，让更多有实力的民间资本介入小微企业融资服务体系中。

总体来看，经历了多年的发展以后，我国在小微企业发展方面倾注了更多的注意力。尽管我国小微企业仍面临着大量的问题，但它们的发展速度和质量已经有了很大程度的改善。主要的原因是国家逐步放宽了小微企业的政策环境，为其发展提供了更多的优惠待遇。同时，我国在人才培养和研发方面的投入相比以前有了很大程度的提高。因此，加快改善小微企业的融资环境和创造利于小微企业创新的外部环境，都将对解决小微企业发展过程中的困难，促进其实现可持续发展有重要的作用。

5　我国小微企业成长研究

小微企业在我国迅速崛起的经济中起到重要的作用，但其发展受到各种因素的影响，对其持续成长有关键的作用。其中，集群的发展速度、合作程度，以及区域内原材料的采购便利程度等因素对小微企业的成长都有重要影响，受到政府、理论界和企业界的高度重视。学者们运用新竞争理论、竞争优势理论、企业网络理论等多种理论对集群进行了研究。这些研究主要是从一个侧面、单一角度或者线性的、规范的方法进行研究，而没有从理论和数据双方面将其成长放在一个动态复杂的系统中进行深入的、全方位的本质研究。为此，从复杂系统理论角度说明小微企业集群是复杂的综合系统，该系统由技术、人才、信息等子系统构成，这些子系统间紧密联系构成了小微企业集群的合作，然后探讨了企业集群合作程度对企业成长的影响，并通过对山东省小微企业的问卷调查，分析了企业集群内部技术合作、信息交流、人才流动和商业贸易之间的关系，以及企业集群内部的合作程度对小微企业成长的影响。

5.1　小微企业集群的复杂性

企业集群作为一种独特的产业组织形式，对其研究最早可以追溯到经济学家 Marshall（1890），他首先解释了基于外部经济的企业在同一区位集中的现象。此后，Weber（1909）的工业区位理论、Coase（1937）和 Williamson（1985）的交易费用理论、Krugman（1991）的新经济地理理论等都对集群现象及其形成机理进行了分析研究，都在很大程度上推动了企业集群的相关研究。近年来，随着环境动态性提升，学术界开始用复杂性科学理论对集群的研究逐渐增多（吴兆明，2013；刘钒和钟书华，2015；范如国，2016）。国外学者 Rullani（2002）研究指出，企业集群是自然形成的自组织系统，具有一定的历史累积原因。此后，复杂系统理论被引用到企业集群的研究中。对小微企业集群而言，内部有技术、人才、信息等子系统，不同子系统之间存在相互作用，构成了更高一级的复杂系统。由此来看，企业集群的复杂性主要表现在以下方面：

（1）系统要素方面的复杂性。小微企业集群的系统要素包含高新技术、人力资源、研发投入、信息管理等，这些要素的复杂性主要表现为：①高新技术。在小微企业集群中，高新技术是集群发展的重要因素，也是整个集群核心竞争力的关键来源，其他要素都应围绕此来进行组合优化，以便更好地发挥作用。②人力资源。小微企业集群对技术人员的需求在人力资源的需求中占主要部分，技术人员是小微企业进行研发活动的主体，科技研发部门在整个企业系统中扮演着关键角色，甚至处于主导地位，这是企业集群产品更新的主要力量。③研发投入。由于高新技术的主导地位与作用，小微企业集群中各企业用于新技术、新产品的投资占比，要整体高于一般意义的传统企业。这种技术方面的投资属于高风险、高回报的投资，因而其资金通常来源于风险投资市场。④信息管理。企业以高新技术为核心竞争力，信息是技术中的一个重要方面，因此小微企业更加重视信息的管理。信息管理导致管理难度加大，管理行为更加复杂，自组织管理成为企业管理的重要方向。

（2）系统结构方面的复杂性。随着信息技术的不断发展和完善，集群内部各子系统的合作程度不断增强，网络逐步成为各子系统之间、不同构成要素之间、不同要素与不同子系统之间，与外界相互沟通的重要媒介，使系统中的各个要素、子系统、系统与外界环境之间的作用进一步加强，集群系统间的层次更加复杂，系统边界不断模糊，这种作用是一种非线性的作用。非线性作用关系使系统内部、系统与外部环境之间的交流加快，系统的边界逐渐模糊化，企业集群构成的复杂系超越了静态结构，而成为一个结构时刻演化着的动态的复杂系统。

（3）目的和规模方面的复杂性。小微企业集群在整个生命周期过程中，需要与不同的主体发生交互作用关系，包括银行类金融组织、高校科研院所、会计师事务所等中介机构。由于不同的机构的出发点是不同的，不同的出发点和不同的发展定位会在不同程度上影响小微企业集群的健康发展。与之相反，如果不存在这种差异，企业与集群其他构成主体之间将会更加通畅，有助于提升集群的整体竞争力。

实际上，不同子系统和不同要素之间的空间距离、连接方式、连接结构等都在一定程度上影响企业集群系统的规模复杂性。互联网技术的发展大大缩短了信息传递的时间，有效提高了信息传递的效率，从而使空间距离对系统的影响逐渐减弱，减少了系统的层次，降低了复杂性程度。另外，为了适应动态变化的外部环境，以获取有利于自身发展的各种资源。因此，集群在不同的发展阶段、不同的经济情况下的规模也在不断变化。

5.2 集群子系统合作程度对企业成长的影响

稀缺资源的配置机制是网络系统形成的主要基础，小微企业获取资源离不开集群内部的合作网络（蒋天颖等，2014；叶峥和郑健壮，2014；Beers et al.，2013）。Asheim 等（2002）指出集群内的创新合作和强有力的制度基础是在企业集群内部构建形成创新系统的重要条件。一般情况下，企业拥有越多、越复杂的关系网络，就越有可能获得更多的商业机会，未来快速发展的空间和潜力就越大。在集群中企业的不同发展阶段，社会关系类型对小微企业资源获取能力影响具有差异性。

（1）技术合作。创新过程中不同参与主体之间的交互和作用对于创新成功具有重要影响，尤其是企业和科研组织之间，以及企业集群内部的作用。因为这种作用一定程度上影响到了网络效应。也就是说，当知识共享时就出现了网络效应。不同创新主体之间的相互依赖程度成为影响技术创新的关键因素。当企业集群内部合作增强时，企业创新成功的概率增大，这样企业成长得更顺利，及更有利于企业成长。企业任何创新活动的开展都依赖于企业控制或拥有的内外部资源，通过加强与集群内部企业及其他组织的合作关系，改善企业发展的资源环境，提供企业技术创新所需的资源基础。

（2）人才流动。小微企业集群的核心是技术，而创造技术的是人才，即小微企业集群最重要的要素之一是人才。人才的流动促进了技术的交流，给企业带来激情与新的创意，能及时纠正企业的“发展刚性”，并给企业的创新做出贡献。所以，企业集群内部人才的流动程度在一定程度上影响着企业成长。

（3）信息交流和商业贸易。企业集群内部企业之间的合作，信任关系更加容易建立，这在一定程度上大大降低了企业的搜寻成本和交易费用，也降低了交易过程中的机会主义。同时，由于更容易形成信任关系，就更加容易建立稳定的上下游渠道关系链条，这种共享、协作关系有助于产生更高的利润空间。通常，信息交流越频繁，交易成本越低；商业贸易额越大，供货关系的稳定程度越高，越有利于企业成长。

基于小微企业集群系统结构、系统要素、目的、规模等各方面的复杂性，可以说明小微企业集群是个多子系统的复杂性非线性的综合系统。各方面的复杂性联合起来构成了集群系统不可分割的整体，并发挥着各自的作用。同时，小微企业集群技术、人员、信息等子系统的合作程度以及企业集群内商业贸易对集群内企业成长起着重要作用。

5.3 问卷调查与实证分析

本次调研中采用 5 级 Likert 量表，以企业集群内技术合作程度、企业集群内技术、信息等交流频度、企业集群内信息传播程度与速度、企业集群内人才流动程度、企业集群内商业贸易额及其比例来测度企业集群合作程度，小微企业成长情况采用专家法。面向山东省的企业发放问卷 400 份，回收有效问卷 117 份，有效率为 29.3%。

（1）相关性分析。接着采用 Pearson 检验指标进行相关性分析，从表 5-1 可以看出，这两种检验结果是一致的，除了人才流动与技术合作程度、技术、信息交流频度和商业贸易额与其比例之间无明显的相关关系外，其他两两指标之间都有明显的相关性。

表 5-1 相关性检验结果（Pearson）

		技术合作程度	技术和信息交流频度	信息传播程度与速度	人才流动程度	商业贸易额与其比例
技术合作程度	Pearson 相关性	1	0.704**	0.545**	0.023	0.418**
	显著性（双侧）		0	0	0.810	0
技术和信息交流频度	Pearson 相关性	0.704**	1	0.605**	0.137	0.334**
	显著性（双侧）	0		0	0.150	0
信息传播程度与速度	Pearson 相关性	0.545**	0.605**	1	0.255**	0.261**
	显著性（双侧）	0	0		0.007	0.006
人才流动程度	Pearson 相关性	0.023	0.137	0.255**	1	0.146
	显著性（双侧）	0.810	0.150	0.007		0.127
商业贸易额与其比例	Pearson 相关性	0.418**	0.334**	0.261**	0.146	1
	显著性（双侧）	0	0	0.006	0.127	

注：** 表示在 0.5 水平上显著相关。

（2）因子分析。采用 SPSS 进行因子分析，Bartlett 检验 p 值为 0.000，KMO 值大于 0.6，表明各因素适宜做因子分析。以贡献率 85%为标准进行因子分析，提取主成分后对企业集群内部合作程度进行评分，然后分析其与小微企业成长专家打分之间的关系。分析结果如表 5-2 所示。

表 5-2 因子分析结果

成分	初始特征值			提取平方和载入		
	合计	方差百分比（%）	累计百分比（%）	合计	方差百分比（%）	累计百分比（%）
1	2.528	50.569	50.569	2.528	50.569	50.569
2	1.015	20.307	70.875	1.015	20.307	70.875
3	0.795	15.900	86.775	0.795	15.900	86.775
4	0.389	7.787	94.562			
5	0.272	5.438	100.000			

注：提取方法为主成分分析法。

从以上的主成分分析中可看出，本书共提取了 3 个主成分，方差贡献率达到 86.775%，分别提取了企业集群内技术合作程度信息的 80.9%，及企业集群内技术、信息等交流频度信息的 81.3%，企业集群内信息传播程度与速度信息的 77.6%，企业集群内人才流动程度信息的 96.5%，企业集群内商业贸易额及其比例信息的 97.5%，根据提取的主成分以及各主成分的方差贡献率就可以计算出主成分的综合得分，即企业集群合作程度的得分。用企业集群合作程度的得分和企业成长专家打分就可以做回归模型，了解二者间的关系。

（3）企业集群合作与小微企业成长回归分析。从以上企业集群合作程度的主成分分析，得到了企业集群合作程度的因子得分，通过专家法的方式得到了小微企业的企业成长能力得分，其中企业集群合作程度的缺失值为 8 个，在下面的回归中剔除这 8 个缺失值，本书选取了三种回归模型：线性回归、S 回归、Logistic 逻辑回归，分别进行回归，得到的结果如表 5-3 所示。

表 5-3 回归分析结果

	模型 1（Linear）	模型 2（S）	模型 3（Logistic）
截距项	1.018	0.021	0.007
集群合作程度	0.241	-1.132	0.781
R^2	0.058	0.017	0.061
Adj-R^2	0.049	0.082	0.052
F 值	6.592	1.896	6.956
Sig.	0.096	0.171	0.012

从以上 SPSS 输出的三种回归的各种检验结果可以看出，线性回归和逻辑回归通过了检验，S 回归未通过检验。根据模型的解释能力，逻辑回归对数据的拟合程度比线性回归的拟合程度好，即小微企业集群合作程度与小微企业成长之间有显著非线性影响。

5.4 结论与建议

企业集群是一组或数组在地理上靠近的相互关联的公司和关联机构，由于具有共性和互补性而联结在一起的、各种机构组织密集地集中在一个特定区域的复杂性系统，系统内部的各子系统、机构组织之间有着紧密的合作关系。因此，小微企业集群的形成与完善有利于区域创新网络的形成，促进知识、技术的扩散和创新能力的提高以及吸收和集聚各种人才，获得成长的各种资源，较快形成核心竞争力，最终加快小微企业的成长。通过前述的理论和实证分析，得到以下结论，并根据实证结果提出相应的对策建议。

（1）实证结论。运用主成分分析法和回归分析法讨论了企业集群合作程度要素技术合作、信息交流、人才流动和商业贸易之间的关系以及企业集群合作程度与企业成长的关系，从山东省样本企业的117份有效问卷，证实了企业集群合作程度内部要素间具有显著相关性和企业集群合作程度对企业成长有显著的非线性影响，可以概括为以下两条结论：

1）小微企业集群内部五个指标间相互作用。描述企业集群内部合作程度的五个指标企业集群内技术合作程度，企业集群内技术、信息等交流频度，企业集群内信息传播程度与速度，企业集群内人才流动程度，企业集群内商业贸易额及其比例，除了人才流动与技术合作程度、技术、信息交流频度和商业贸易额与其比例之间外，其他因素间都存在着较强的正相关性，即相互作用。企业集群内技术合作程度提高，会带来集群内技术、信息等交流频度的提高，同时会加快信息传播的速度，也会使集群内商业贸易增加；企业集群内技术、信息等交流频度增强时，会使信息传播速度加快，技术合作程度提高，集群内贸易加强，贸易额增大。在企业集群合作程度子系统中任何一个要素的变化，都会影响其他方面要素的改变，一个要素合作的增强会提高整个系统的合作程度，五个指标构成了一个相互作用的复杂综合的描述企业集群合作程度的网络系统。

2）小微企业集群合作程度对企业成长的影响。社会关系的形成以社会中稀缺资源的配置为基础。也就是说，小微企业集群的形成是以集群中资源配置的优化为基础的，而资源配置的优化离不开企业集群内部的合作，企业集群间的合作，降低了获取信息、技术和人才的成本，所以企业集群的合作程度对企业成长有重要影响。从山东省的数据分析可以得出，企业集群合作程度对企业成长产生非线性的影响，且影响是显著的。这种非线性的影响符合逻辑方程。Logistic 方程是种群生态学中描述在限制环境中物种成长的方程，与企业集群中企业成长的理论相符。企业集群合作程度通过内部之间复杂的相互作用对企业成长产生显著的非线性影响，符合 Logistic 逻辑模型。

（2）对策建议。通过实证分析的结果，得出了企业集群内部技术合作、信息交流、人才流动和商业贸易之间具有相关性并且企业集群合作程度对小微企业成长有显著的非线性影响的结论。根据以上的结论可以看出，企业集群合作程度内部要素间是相互促进的，并且提高企业集群的合作程度对小微企业成长是有正的支持作用的，所以在企业集群的建设以及企业集群内合作程度等方面进行完善，对小微企业的成长有重要作用。

1）加强企业集群的建设要充分发挥政府的引导作用。政府在企业集群发展过程中，需要按照集群发展的基本规律加强政策的引导作用的发挥，着力改善推动企业集群发展的外部环境建设，以增强对企业入驻的吸引力和内部企业的稳定性。第一，建立协调沟通机制和优化调节机制，通过机制的设立促进有序的分工合作。第二，加大硬环境建设的力度。积极加强交通、通信等基础设施建设，完善集群中企业的基础环境。与此同时，在企业集群建设和发展过程中，应避免无序、重复、低效率的引进，从而危害集群的健康发展。

2）加强技术合作。根据复杂系统理论，小微企业集群合作程度是企业集群的子系统，具有复杂性，前述的实证分析也证明了合作程度对小微企业成长有重要作用，合作程度的一个重要体现就是技术合作。推进企业集群内企业的技术合作，必须要推动配套服务的建设，如中介服务组织的建设和服务水平的提升等。有了好的基础配套设施，还要加大技术的交流力度。合作创新能够产生单一企业无法实现的技术创新的协同作用，这种协同作用又会反过来促进小微企业在科技研发水平的整体提升，促进小微企业的可持续成长。

3）吸引各种人才在集群的聚集和合理流动。加强人才流动会改善企业集群的合作程度，从而提高小微企业的成长能力。加强人才聚焦，应当为人才的发展提供良好的环境，解决人才从事科研发展的后顾之忧，这样才能有助于为集群内企业的人才引进创造良好的外部环境。同时，加大企业集群内的公共培训或咨询的力度，加大对专业人才的培养力度。科技产业是一个高风险产业，需要建立良好的激励机制，这样才能促使从业人员敢于或愿意承担创新所带来的风险，才能使人员不断推动企业成长。

4）建立信息网络。信息是企业集群复杂系统的主要要素之一，信息网络是企业集群子系统的组成部分，也是集群合作程度的一个重要方面。通过建立信息网络体系，有助于即时了解国内外的高新技术方向、高新技术产业发展动态、产业转移动向。这对我国企业集群内企业的成长都是很重要的。企业集群内部企业要及时交流各种信息，达到信息共享，降低获得信息的成本和交易成本。有效地利用现代化的信息工具，加强对信息的采集、管理，对后续的信息应用，促进小微企业发展发挥十分重要的作用。

6 网络融资对我国小微企业融资约束的影响研究

6.1 研究背景

中小企业面临严峻的融资约束，这种约束与其在经济中的地位极不匹配，融资约束成为制约中小企业发展的瓶颈。随着互联网的发展，网络融资成为解决中小企业融资的一个重要途径。但在技术进步与金融发展的双重驱动下，网络融资快速发展的同时也暴露出一些问题，大量的融资平台倒闭、老板跑路、投资方逼债等一系列负面问题爆发。这些问题暴露出网络融资并没有改变金融功能和风险属性（李东荣，2016），且相较于传统金融，网络融资风险更加复杂隐蔽，可能给客户造成更大的危害和损失。实际上，中小企业融资除受融资方式影响外，也受金融环境、政企关系的影响（段一群等，2013）。融资约束环境决定了融资模式及其发展路径（Rajan et al.，1998）。从宏观环境角度看，金融环境为中小企业融资提供制度环境保障，是内源融资向外源融资模式转型的关键（黄志忠等，2013）；从微观企业角度看，政企关系帮助改善与传统金融机构的关系，使政治关联企业贷款金额更多（Khwaja et al.，2005）、利率更低（Infante et al.，2014）、成本更低（Houston et al.，2014）、期限更长（Saeed et al.，2015）。因此，网络融资缓解中小企业融资约束的过程受到网络融资风险、金融环境、政企关系等多种因素影响。

然而，关于网络融资影响融资约束的现有研究，多集中在理论构建（陈秀梅，

2014；Abhyanker et al.，2002）层面，对网络融资与融资约束关系的实证研究较少，这对于完善反映现实背景下网络融资的作用效果无疑是个缺憾，也不利于完善中小企业融资模式和发展环境。此外，在我国以银行为主导的金融体系以及重视政治关系的制度背景下，金融环境和政企关系对于中小企业融资的影响得到了学者的证实（段一群等，2013，张功富等，2016）。那么，网络融资能否真正缓解中小企业融资约束，网络融资发挥作用的内在机理是什么，需要进一步地深入研究。

本书基于制度和关系视角，深入剖析金融环境和政企关系在网络融资与中小企业融资约束关系中的作用机理，即将金融环境和政企关系逐步纳入网络融资和融资约束的概念模型中。在此基础上，基于2645家中小企业的大规模调研数据，检验以下问题：①网络融资对融资约束的直接影响；②网络融资在金融环境调节下效用的变化；③政企关系对金融环境调节作用的影响，从而为解决中小企业融资问题提供证据。与已有研究不同，本书发现网络融资对融资约束的缓解作用存在一定的适用边界，随着金融环境的完善和政企关系的加强，中小企业拥有更多融资渠道，此时网络融资对融资约束的缓解作用受到抑制。

6.2 理论分析与研究假设

6.2.1 网络融资与中小企业融资约束

随着企业规模的扩大，中小企业过度依赖自有资金难以维持发展，外源融资的作用日益凸显（Cull et al.，2005），当融资渠道不畅或缺失时就出现了融资约束。造成中小企业融资约束的根本原因是信息不对称（Carbovalverde et al.，2006），缺乏统一高效的信息服务平台和信息共享机制，增加了金融机构的操作成本和中小企业的财务成本。随着信息技术的发展，网络融资通过信息共享能有效提升融资交易效应（Ronald et al.，2000）、降低交易成本（Cassar et al.，2015）、解决信息不对称问题并管理风险（Namamian et al.，2013），为中小企业缓解融资约束提供了新途径。

网络融资是在共享经济背景下，由网络融资平台连接借贷双方合理进行资金配置以缓解中小企业融资困境的创新型融资行为，主要包括 P2P 网络借贷、众筹、第三方支付、互联网金融门户等模式（张玉明，2014）。从理论研究来看，在“大数据时代”背景下，网络融资突破了传统金融机构的线下审核和信用增进模式，弥补了传统金融机构在金融资源配置领域中的不足。Mishkin（1998）指出，金融中介的两大功能表现为缓解信息不对称和降低成本。大数据、云计算等技术的发展提高了信息透明度，形成的“信用资本”和“信用抵押”一定程度上取代了信用评级系统的作用（袁乐平等，2015），降低了信贷市场的逆向选择和道德风险。信息收集效率的提高很大程度上铲除了非市场化机制和权力寻租现象，降低了由信息不对称引起的融资成本（李莉等，2015）。可见，网络融资通过解决信息不对称、降低交易成本、提高金融机构效率等方式促使融资源流向中小企业。

网络融资为缓解中小企业资金压力带来希望，但内部机制和外部环境的不确定性使网络融资在发展过程中逐渐显现出隐患。如网络技术不成熟、监管力度不到位、法律制度不健全等因素导致较高的资金交易风险和信用风险（Bachmann et al.，2011），对网络融资效用形成挑战。利益与风险并存，网络融资缓解中小企业融资约束的同时也可能带来更为严重的损失。

网络融资风险可能对中小企业的生存、发展和盈利目标造成负面影响或不利结果（刘纳新等，2015），因此，网络融资的选择是一场利益与风险的博弈。在较高的融资风险、急迫的资金需求、严重的信用歧视等条件下，网络融资的优势和特点契合了中小企业的资金需求（张玉明等，2015），是中小企业“绝处逢生”的选择。基于上述分析提出以下假设：

H6-1：网络融资对缓解中小企业融资约束有正向影响。

6.2.2　金融环境对中小企业融资约束的调节作用

金融环境反映宏观层面金融活动所处环境的优劣。完善的金融环境表现为完整通畅的金融渠道、更大的税收及政策性资金支持力度、发达的金融中介和金融市场、完善的法律政策体系和健全的诚信制度（魏志华等，2014）。本书参考王洪生（2014）的研究，基于数据可获得性，从融资渠道完善程度、银行为企业提供贷款的意愿、政策性资金支持力度三个方面阐述金融环境对融资的影响，从外部环境视角分析金融环境对网络融资与中小企业融资约束关系的调节效应。

Fan 等（2012）发现法律和税收制度、金融机构偏好等是引起企业杠杆和债务期限的主要原因，可见金融环境对中小企业融资具有不容忽视的作用。金融环境的改善能减少市场不完全性，从而降低外源融资和内源资本的差异，控制融资成本（Rajan et al.，1998）、提高信息透明度，使中小企业更容易获得充足的外部资金（Demirguc-Kunt et al.，2002），并促进资本市场逐渐完善，提高资源配置效率以缓解融资约束（Love et al.，2001）。研究表明，金融发展水平较好地区的企业融资约束程度显著更低（沈红波等，2010），而金融市场欠发达时，高昂的外源资金成本将迫使中小企业进行内部融资（Khurana et al.，2006），融资约束难以缓解。可见中小企业融资能力依赖于金融环境，而网络融资作为缓解融资约束的一种方式，其融资作用必然受到金融环境的影响。

良好的金融环境可以提高金融交易水平、降低金融交易风险、提高金融资源配置效率（魏志华等，2012），从而影响网络融资的作用。随着金融环境的改善，市场化程度的提高使政府对经济的主导作用减弱，大型企业金融资源垄断现象将不复存在（李广子等，2009）。信用歧视的缓解使中小企业有了较为公平的待遇、融资渠道的畅通使信贷资源配置更加优化、健全的金融体系提高了信息透明度并控制了金融风险。在这种情况下，完善的金融环境促使中小企业拥有更多可选择的融资渠道，增强了其获取银行信贷的能力并降低了融资成本（魏志华等，2012）。新融资优序理论提出，中小企业为维持控制权会优先考虑内源融资，其次是信贷融资，最后是资本市场融资（马骥，2007）。中小企业内源融资受阻时，优先考虑银行信贷，当银行信贷难度和成本较高时，风险融资才成为中小企业的主要融资渠道（Berger et al.，2009）。网络融资虽然降低了中小企业的融资门槛，但网络融资的不成熟和高风险再加上管理者主观意识的影响，决定了其并非中小企业优先考虑的融资途径。银行信贷符合中小企业管理者的融资偏好，在完善的金融环境下，网络融资风险使中小企业望而却步，其优势得不到凸显，对融资约束的缓解作用减弱。仅依靠网络融资无法根本解决中小企业的融资问题，进一步优化金融环境不容忽视。

网络融资作为传统金融手段的补充，是中小企业融资的过渡方式，随着市场金融环境的优化，银行信贷成为中小企业更加适宜的融资形式（林毅夫等，

2005)，不完善的监管制度和难以控制的融资风险使网络融资作用难以发挥。基于上述分析提出以下假设：

H6-2：金融环境会抑制网络融资与中小企业融资约束之间的关系。

6.2.3　政企关系对中小企业融资约束的双重调节作用

基于社会关系视角，政企关系有助于融资约束的缓解（Boubakri et al.，2008）。相较于中央政府，地方政府对银行的干预更直接、强度更大（王雄元，2011）。政企关系反映了中小企业与地方政府之间的密切程度，政企关系越好，中小企业与政府的关系越密切（洪怡恬等，2014），在缓解中小企业融资难问题时显现出强大的“能量”。罗党论等（2008）研究指出，金融环境、政企关系与融资约束之间具有一定联系。在金融发展水平落后、法律制度体系不健全等不利条件下，建立政治关系可以使中小企业规避其害（王伟，2016），为进一步分析政治关系与金融环境如何影响中小企业融资提供了条件。政治关系在金融环境较差时作用更显著（余明桂，2008），一定程度上，政企关系弥补了金融环境的不足，通过干预金融机构或完善政策制度等方式优化金融环境，强化金融环境对中小企业融资的调节作用。

政企关系促使中小企业迅速成长，并且政府干预金融机构的信贷决策，有助于完善融资渠道，形成更发达的金融中介和更有序的金融市场，实现金融环境的进一步优化，使中小企业更容易间接获取外源融资。中小企业拥有政治关系就意味着更高的市场占有率和更少的管制障碍（Faccio et al.，2006），促使中小企业快速发展壮大，提高银行贷款能力。政企关系预示了较好的信用等级和较强的经济实力，相当于政府的隐性担保，一定程度上弥补了信息质量的缺陷（张功富等，2016）。Zheng 等（2013）的研究也表明，政企关系能对债务市场造成极大困扰，导致银行做出次优贷款决策，使中小企业更容易从银行等金融机构获取资金（Bliss et al.，2012）。可见政企关系通过干预金融决策完善了金融环境，间接促进中小企业从银行等金融机构获取外源融资，一定程度上抑制了网络融资的作用。

出于官员晋升及对地方保护的需要，政府更有动机制定扶持中小企业发展的相关政策，加强政策性资金支持、税收支持和相关政策支持，促进金融环境的发展，也进一步增加了中小企业直接获取政府资金的机会。政企关系使政府更加了解中小企业的资金需求和对当下金融环境的认识，从而制定相应制度政策来推进金融环境建设（万芊和刘力，2010），通过资源效应使小企业有机会获取更多财政补贴（李传宪等，2015）以及更低税负和更多税收优惠（罗党论等，2013）。政企关系有效降低了信贷市场的信息不对称，通畅的信息渠道帮助中小企业及时获取政府信息，有效地把握直接获取政府资金的机会。可见政企关系通过完善政策制度优化了金融环境，促进中小企业直接获取政府资金，一定程度上抑制了网络融资的作用。

良好的金融环境是中小企业发展的外部环境，密切的政企关系能通过资源效应和信息效应促进金融环境的进一步完善，强化金融环境的作用。网络融资虽然在传统融资途径不畅时起到补充作用，但网络融资的不成熟和高风险使中小企业管理者心生忌惮，为缓解融资约束增添了阻力。理性的管理者需要权衡网络融资的风险和收益。在银行为主导的金融体系下，良好的金融环境和政企关系降低了融资门槛、拓宽了融资渠道，使中小企业更容易获得政府补贴或银行贷款，相较于网络融资存在的隐患，中小企业更倾向于选择银行等金融机构获取外源融资，此时政企关系强化了金融环境的调节作用，即政企关系强化了金融环境调解下网络融资对融资的抑制作用。基于上述分析提出以下假设：

H6-3：政企关系对金融环境的调节作用起双重调节作用，即政企关系调节了金融环境对于网络融资与融资约束的关系。具体来说，在政企关系较好的条件下，金融环境对于网络融资和融资约束关系的调节效用更加明显。

综合上述假设，形成了网络融资双重调节的实证研究模型（见图 6-1）。网络融资对融资约束的缓解作用被金融环境调节，即金融环境较为完善时，网络融资对中小企业融资约束的缓解受到抑制；政企关系又对金融环境调节下的网络融资缓解融资约束的过程起到双重调节作用，即随着政企关系的完善，金融环境调节下的网络融资缓解融资约束的作用进一步受到抑制。总之，好的金融环境和政企关系限制了网络融资对中小企业融资约束的缓解。

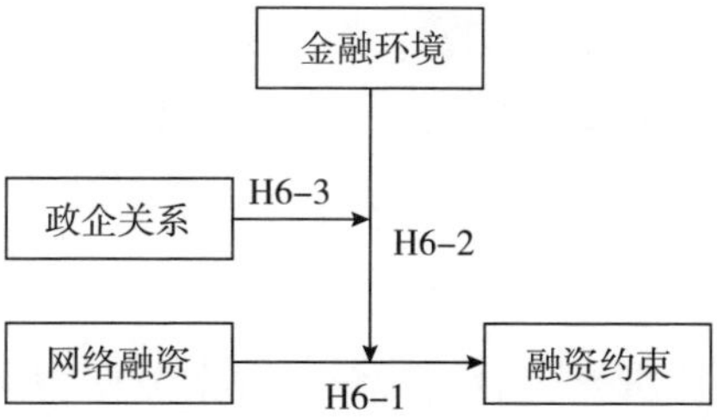

图 6-1　理论假设模型

6.3　研究设计

6.3.1　样本选择和数据收集

本书依托国家社会科学基金项目的支持，于 2015 年底对全国中小企业展开一次大规模调查，以全国 10000 家中小企业为研究对象，调研其基本信息、外部成长环境及内部要素，旨在反映我国中小企业的生存及发展状态，为各级政府决策服务、为创造良好的发展环境、促进中小企业持续发展提供建议。本次问卷调查采用多种方式进行，包括实地访谈、线上问卷、邮递以及学生调研等，总收回调查问卷 4102 份，回收率为 41.02%。删除无效（包括关键信息不全、回答模糊、正反题项回答一致以及有明显错误）问卷，共获得有效问卷 2645 份，占样本总量的 26.45%。问卷大多采用 Likert 7 点打分法（1. 非常不符合；2. 很不符合；3. 不符合；4. 一般；5. 较符合；6. 符合；7. 非常符合）对变量进行测量，要求调查对象按照测量项陈述与样本中小企业实际情况的符合程度打分。本次调研为研究中小企业网络融资对融资约束的影响以及金融环境和政企关系的作用提供了必要的数据支持。

被调查中小企业的基本状况主要包括企业性质、发展阶段、所属行业等。统计结果表明，从企业性质来看，小微企业占 38%，占据了很大比重；从发展阶段来看，成长期企业较多，占 50.6%；从所属行业来看，本次调研的中小企业涉及农林牧渔、制造业、建筑业、批发零售业等多个行业。总的来说，样本涉及不同性质、不同类型、不同行业的中小企业，能较好地反映中小企业的基本特征。

6.3.2 变量测量

（1）融资约束：以往研究多通过投资—现金流模型研究外部融资约束问题，但在实际研究中，投资—现金流模型面临动因识别问题（Cleary，1999）和托宾Q衡量偏差（Alti，2003）的影响，再加上代理问题的干扰，导致投资—现金流模型不能反映企业融资约束问题。考虑到中小企业会计信息的隐秘性以及会计核算的不规范和不准确性，针对中小企业融资约束的测量，本问卷参考孙楚仁等（2014）对融资约束的研究进行相应调整，采用"企业融资的难易度"衡量融资约束。融资难易度体现融资环境对中小企业融资的定性规制，反映其获取融资的可能性，Likert 7 点量表为反向题项设计，7 代表融资难度系数最小，说明中小企业容易获得融资，融资约束较小；1 代表融资难度字数大，说明中小企业很难获得融资，融资约束较大。

（2）网络融资。由于体现中小企业融资行为的数据难以获得，在参考国内外对网络融资研究的基础上，考虑数据的可得性，借鉴张玉明等（2010）的研究，通过"网络融资使用程度"进行测量。Likert 7 点量表中，从 1 到 7 表示网络融资的使用程度越高，表明中小企业通过网络融资方式获得外援融资的机会越大，不可避免地，其承受的融资风险也越大。

（3）金融环境。金融环境指金融业的发展状况和服务水平，是中小企业发展的重要条件，从制度和机制上给予保障。完善的金融服务领域才能给中小企业融资约束的缓解带来希望。在参考王洪生（2014）研究的基础之上，设置"融资渠道完善程度""银行为企业提供贷款的意愿"和"各种政策性资金支持力度"三个题项衡量金融环境的完善程度，三个题项设置成 Likert 7 点量表，7 分别表示融资渠道完善程度高、银行提供贷款的意愿较强烈、政策性资金支持力度大，反之，1 表示各状态较差。每一题项的选择大于该题项的平均值则赋值为 1，小于平均值则赋值为 0。将上述三项得分加总得到金融环境完善程度的具体数值，取值为 0、1、2、3。

（4）政企关系。在信息不对称的信贷市场，政治关系通过"信息效应"和

“资源效应”影响银行等金融机构的信贷决策（张红英和赵丹，2017），可见政企关系的改善可以间接改善银企关系，为中小企业融资带来便利。以往文献通过企业高层是否在政府任职作为衡量指标过于片面，本书参考万芊等（2010）的研究，通过“企业与地方政府保持了良好的关系”题项衡量中小企业的政治关系。Likert 7 点量表中，7 表示该题项与调查企业的符合程度最高，说明拥有密切良好的政企关系，相反，1 表示不存在政治关联。

（5）控制变量。从微观企业自身层面看，企业规模、企业性质都是影响中小企业融资约束的重要因素，另外，从企业生命周期角度，发展阶段对中小企业融资约束具有一定的影响作用。为了消除一些重要外生变量的影响，借鉴现有文献，根据研究需要，将企业性质、发展阶段和企业规模作为控制变量。

表 6-1 为主要变量定义。

表 6-1　主要变量定义

类型	名称	定义	参考文献
被解释变量	融资约束	“企业融资的难易度”，由难至易分别记为 1、2、3、4、5、6、7	孙楚仁（2014）
解释变量	网络融资	“网络融资使用程度高”，使用程度由低到高分别记为 1、2、3、4、5、6、7	张玉明（2010）
调节变量	金融环境	采用“融资渠道完善程度”“银行贷款意愿”“政策性资金支持力度”三个题项得分之和	王洪生（2014）
	政企关系	“企业与地方政府保持了良好关系”，关系逐渐紧密分别记为 1、2、3、4、5、6、7	万芊等（2010）
控制变量	企业性质	若为小微企业则取 1，否则取 0	L. Brandt 等（2002）、魏志华等（2014）
	发展阶段	若为发展期则取 1，否则取 0	李莉等（2015）
	企业规模	总资产的自然对数	Ascioglu 等（2008）、Almeida 等（2004）

6.4 结果分析

6.4.1 相关分析

描述性统计分析和变量之间的相关性分析结果如表 6-2 所示，网络融资和政企关系指标的均值分别为 3.078 和 4.312，金融环境的均值大于 0，表明多数被调查者认为网络融资、金融环境和政企关系对中小企业具有重要意义，描述性统计结果与预期基本相符。另外，网络融资、金融环境、政企关系和中小企业融资约束均存在显著的正相关关系（$\beta=0.630$，$p<0.01$；$\beta=0.270$，$p<0.01$；$\beta=0.287$，$p<0.01$）；金融环境、政企关系与网络融资存在显著的正相关关系（$\beta=0.262$，$p<0.01$；$\beta=0.192$，$p<0.01$）。

表 6-2 主要变量相关性分析

变量	均值	标准差	1	2	3	4	5	6
融资约束	3.688	2.250	1					
网络融资	3.078	2.435	0.630**	1				
金融环境	1.296	1.264	0.270**	0.262**	1			
政企关系	4.312	2.651	0.287**	0.192**	0.197**	1		
企业性质	0.380	0.486	0.008	0.016	-0.034	-0.017	1	
发展阶段	0.510	0.500	0.012	0.025	-0.011	-0.015	0.029	1
企业规模	1.697	4.462	0.060**	0.006	0.041*	0.137**	-0.114**	0.010

注：**表示在 0.01 水平上显著相关；*表示在 0.05 水平上显著相关。

6.4.2 假设检验

（1）网络融资与融资约束。以网络融资作为自变量、融资约束为因变量进行回归分析，如表 6-3 所示。模型 1 将控制变量首先置入回归方程，结果显示 Max VIF 小于最高标准 5，说明不存在多重共线性；控制变量对网络融资产生显著正向影响（$F=3.449$，$p<0.1$），即不同的企业性质、产业类型、发展阶段、企业规模对中小企业网络融资产生不同影响。模型 2 中，Max VIF 小于最高标准 5，说明不存在多重共线性；网络融资对缓解融资约束具有显著正向影响（$\beta=0.582$，$p<0.001$）；控制变量和网络融资一起解释了缓解融资约束的方差的 39.7%（$F=440.806$，$p<0.001$）。即网络融资能有效缓解中小企业融资约束。H6-1 得到验证。因此，中小企业无法通过银行或其他金融机构缓解融资约束时，网络融资是获取资金的一种可行途径。

表 6-3　金融环境对融资约束的调节模型

变量	融资约束			
	模型 1	模型 2	模型 3	模型 4
（常量）	3.585***	1.849***	2.952***	1.792***
企业性质	0.069	0.022	0.106	0.022
发展阶段	0.049	-0.018*	0.061	0.004
企业规模	0.031**	0.029***	0.026*	0.025***
网络融资		0.582***		0.550***
金融环境			0.479***	0.156***
网络融资×金融环境				-0.203***
Max VIF	1.014	1.014	1.015	1.126
Adj-R^2	0.003	0.400	0.075	0.422
ΔR^2		0.397	0.072	0.419
F	3.449*	440.806***	54.457***	322.606***

注：*** 表示在 0.001 水平上显著相关；** 表示在 0.005 水平上显著相关；* 表示在 0.1 水平上显著相关。

（2）金融环境对融资约束的调节作用。网络融资与金融环境的交互作用与融资约束的回归分析结果如模型 4 所示。Max VIF 小于最高标准 5，说明不存在多重共线性；金融环境对网络融资与融资约束的关系产生反向调节作用（$\beta=-0.203$，$p<0.001$）；控制变量、网络融资、金融环境和交叉项一起解释了融资约束的方差的 41.9%（$F=322.606$，$p<0.001$）（见表 6-3）。即金融环境反向调节网络融资对缓解中小企业融资约束的促进作用，H6-2 得到验证。如图 6-2 所

示，在低金融环境情况下，网络融资与融资可得性之间关系的回归斜率大一些，说明较之高金融环境，在低金融环境下，网络融资能更显著地促进中小企业融资可得性，有效缓解融资约束，而在金融环境较好时，网络融资对融资可得性的促进作用相对减弱，融资约束的缓解作用也随之减弱。

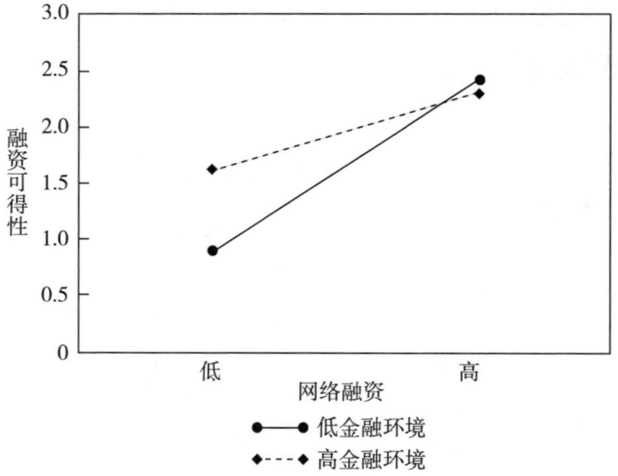

图 6-2　金融环境调节作用

因此，金融环境不完善时，中小企业通过传统融资途径融资受阻，此时网络融资可以有效缓解融资压力；由于中国所处的发展阶段和收入水平决定了银行主导型的融资结构（姚耀军和董钢锋，2014），所以在金融环境较完善时，市场不对称性降低、信息透明度提高、融资成本和风险也得到控制，此时融资途径更加广阔，中小企业更倾向于选择网络融资之外的风险更低的传统融资方式，网络融资对融资约束的缓解作用受到抑制。

（3）政企关系对融资约束的双重调节作用。政企关系、金融环境与网络融资的交互作用与融资约束的回归分析结果如表 6-4 模型 3 所示，Max VIF 小于最高标准 5，说明不存在多重共线性；政企关系、金融环境与网络融资的三维交互对融资约束产生反向调节作用（$\beta=-0.041$，$p<0.1$），由于金融环境与网络融资是负向影响，政企关系的三维交互也是负向影响，因此可以判断政企关系对金融环境的调节作用为正向，如图 6-3 所示，高金融环境和高政企关系条件下，网络

融资与融资可得性之间关系的回归斜率和图 6-2 中高金融环境下的回归斜率相比明显减小，说明高政企关系使金融环境调解下的网络融资对融资的抑制作用明显加强，即政企关系强化了金融环境的调节作用。另外，在低金融环境下，网络融资能显著促进中小企业融资可得性，且在政企关系较好时，网络融资对融资约束的缓解作用更加显著，说明政企关系强化了低金融环境调解下的网络融资对融资约束的促进作用。可见，在政企关系较好的条件下，金融环境对于网络融资和融资约束关系的调节效用更加明显，H6-3 得到验证。因此，政企关系通过干预金融机构贷款决策、制定税收优惠等制度政策、提供隐性信用担保等方式促进金融环境的完善，强化金融环境的作用，导致网络融资对融资约束的作用受限。

表 6-4　政企关系对融资约束的双重调节模型

变量	融资约束		
	模型 1	模型 2	模型 3
（常量）	1. 232***	1. 506***	1. 465***
企业性质	0. 038	0. 023	0. 024
发展阶段	0. 002	0. 037	0. 039
企业规模	0. 016*	0. 015*	0. 015*
网络融资	0. 533***	0. 514***	0. 518***
金融环境	0. 159***	0. 126***	0. 135***
政企关系	0. 132***	0. 105***	−0. 111***
网络融资×政企关系		−0. 137***	−0. 151***
网络融资×金融环境		−0. 183***	−0. 183***
政企关系×金融环境		−0. 004	−0. 036
网络融资×政企关系×金融环境			−0. 041*
Max VIF	1. 102	1. 308	2. 016
Adj-R^2	0. 433	0. 450	0. 451
F	337. 403***	241. 840***	218. 135***

注：*** 表示在 0. 001 水平上显著相关；* 表示在 0. 1 水平上显著相关。

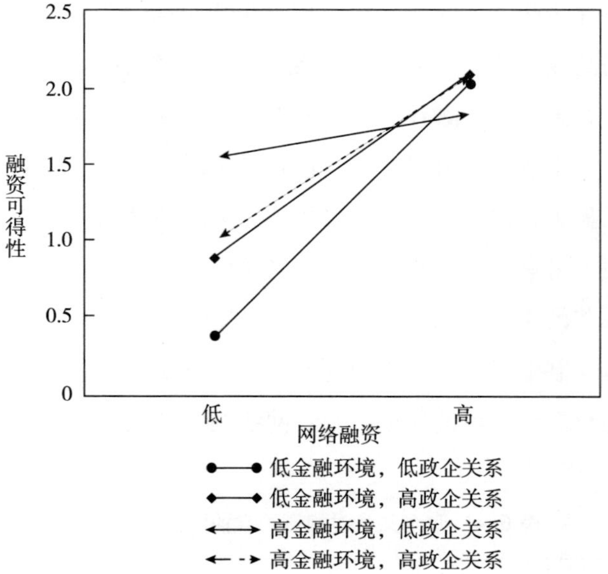

图 6-3　政企关系的双重调节作用

网络融资的双重调节模型与我们的经验观察一致。简单来说，网络融资并非缓解融资约束的“万能钥匙”，而是在金融环境、政企关系等外部条件不完善时，中小企业迫于无奈的融资选择。当金融环境不完善、政治关系较弱时，中小企业面临发展需求和贷款阻力，尽管网络融资风险可能造成巨大损失，但确实是一种可行的融资选择。在金融环境较好时，中小企业有条件通过商业信用和银行贷款等传统金融方式来纾困，此时，风险过高的网络融资不再是缓解融资约束的有效途径。政企关系更进一步完善了金融环境，使金融环境对融资的作用得到充分发挥，网络融资作为一种外部条件不完善时的过渡方式，此时其难以发挥融资效用。

6.5　结论与讨论

网络融资对中小企业融资约束的缓解作用得到了学术界的普遍认可，然而受互联网金融自身风险的约束，再加上外界环境的变化，可能导致在某种条件下网络融资的作用受到限制。本书通过理论分析和实证检验，主要得出以下结论：网络融资能够缓解融资约束，但金融环境对网络融资与融资约束产生负向调节作用，政企关系对金融环境与网络融资的关系起到双重调节作用，即政企关系强化了金融环境调解下网络融资对融资的抑制作用。可见，网络融资并非中小企业缓解融资约束的"万能钥匙"，仅靠网络融资难以从根本上解决融资难题，完善金融环境、维系政企关系同样重要。本书的研究发现为中小企业进行融资决策提供一定的参考价值，也为政府部门优化金融环境提供了决策证据，对完善网络融资方式、规范其信用监管体系具有重要启示。具体来说：

中小企业应根据不同条件进行融资决策。①若所处地区金融环境较差，且短时间内无法建立政企关系时，网络融资确实是一种可行途径，但中小企业应警惕网络融资风险，保障自身知识产权和信息安全的同时选择可靠的融资平台。②若所处地区金融环境较差，但具有政企关系时，中小企业可以利用政企关系及时获取有关政策变化的信息，直接获得政府补贴，借助政企关系展现较高的信用水平，争取获取银行信贷。此时应慎重选择网络融资。③若所处地区金融环境较好，且具有一定的政治关系，好的政企关系能进一步强化金融环境的作用，中小企业可选择的融资渠道较多，应首先考虑直接获取政府补贴，其次争取银行信贷，此时应选择网络融资之外的其他途径来更好地解决融资难题。④若所处地区金融环境较好，但没有政治关系，中小企业应权衡建立或维持政企关系所需要的关系成本和收益。诚然，政治关系能为中小企业带来诸多利益，但在金融环境足够好的条件下，中小企业可以以很低的交易成本获取融资，此时可以放弃政企关系，充分利用金融环境缓解融资问题。

网络融资作为中小企业发展过程中重要的补充融资方式，政府部门应为网络融资发展创造良好环境，以确保充分发挥网络融资的积极作用，另外，进一步优化金融环境也是政府部门解决中小企业融资难题的重点，金融体系只有与经济结构相匹配才能为实体经济提供更为有效的金融服务。具体而言：①加快融资信用体系建设；建立强制性信息披露与自愿性信息披露的约束机制；加强行业自律和强制监管的协同机制建设；规范市场准入和退出制度。②通过拓宽并完善融资渠道、消除银行信贷歧视、加大政策性资金支持力度等途径进一步优化金融环境，为中小企业融资提供更加高效的金融服务。

7　小微企业网络融资模式、风险识别及形成机理研究

共享经济背景下，随着互联网信息技术的发展，网络融资对解决小微企业资金困境起到了重要作用，如何有效防范风险是充分发挥网络融资模式价值的关键所在。小微企业网络融资模式具有复杂适应系统（CAS）特征，本书应用 CAS 理论，揭示了网络融资风险形成来源，其分为外部环境风险、融资平台风险（包括第三方融资担保机构风险和第三方支付平台风险）、贷款方风险、借款方风险等方面，构建了不同风险来源的关系结构模型，阐释了网络融资过程中关键风险要素的内在影响机理，并提出了化解小微企业网络融资风险的对策建议。

从世界各国经济发展来看，小微企业作为市场经济最活跃的“细胞”，为国家带来显著经济效益但也面临多重挑战。党的十八大明确指出“支持小微企业发展”，然而融资困难已经成为制约其发展的重要因素。随着供给侧改革、大数据、云计算、O2O 的不断深化完善，共享经济时代应运而生，共享金融也成为服务共享经济模式不断壮大、促进经济社会可持续发展的一种趋势。民众、企业、金融机构之间的金融共享催生了网络融资这一新的融资模式，较低的信用门槛和宽松的信用等级（Agarwal and Hauswald，2010），以及对大数据的积累、挖掘所形成的长尾效应，这些内在的特性都决定了网络融资是突破小微企业融资困难的有效途径（张玉明和王洪生，2014）。

网络融资是一种由多主体共同参与并受外界环境影响不断进行相互适应的复杂性过程，可见 CAS 理论为研究小微企业网络融资提供了新思路（郭佳德，

2015；张玉明等，2015）。小微企业在创新过程中的高技术要求和环境的复杂性，使其融资过程更容易产生风险，如来自网络融资各参与主体的风险、外界环境风险等，都可能导致较高的失败率（Jack R. Magee，2011）。这种情况下，仍有部分企业在网络融资过程中能够顺利规避风险，解决资金困难并迅速发展。究竟是什么因素导致网络融资风险频发？这些因素又是如何引发网络融资风险的？从CAS理论角度分析这些问题，有助于阐释小微企业网络融资本质，揭示网络融资风险形成机理，为小微企业网络融资风险识别与调控提供理论基础，为政府制定或出台提高网络融资效率、分散融资风险的相关政策提供依据，具有重要的理论意义和实践价值。

7.1 文献综述与理论基础

小微企业网络融资是指在共享经济背景下，小微企业进行的，由网络融资平台连接借贷双方合理进行资金配置以缓解融资困境的创新型融资行为。小微企业的持续健康发展取决于企业获得资金的及时性和资金成本（王洪生，2014）。随着以互联网为代表的信息技术的发展，网络融资为广大小微企业融资开辟了一条新路（叶斌，2011），它能有效降低交易成本（Cassar，2015），充分利用信息技术解决信息不对称问题并管理风险（Namamian F.，2013，Berger and Gleisener，2009），所带来的高效率、低成本的融资便利成为解决融资问题的有效途径。在进行网络融资模式选择时要根据自身的资产状况、盈利能力、资金需求特征、风险承受能力等情况科学抉择。谢平等（2012）认为网络融资如人人贷、众筹融资、电商小贷等模式为小微企业提供了新的融资渠道。张玉明（2014）全面介绍了小微企业互联网融资的六类模式。徐洁等（2014）从供求关系的角度探讨小微企业融资需求和互联网金融供给，并提出了点对点融资模式、基于大数据的小贷融资模式、大众筹资融资模式等融资模式。

虽然网络融资很大程度上缓解了小微企业的贷款压力，但目前我国网络融资处于起步阶段，内部机制不完善和外部环境复杂性使其发展过程中逐渐显现出隐患。如贷款人在互联网环境下的贷款经验不足导致较高的资金交易风险和信用风险（Bachmann A. et al.，2011），网络融资平台的管理制度和法律监管不完善（陈正俊，2013）、内部员工自身问题可能导致贷款资金的损失，网络安全如黑客入侵、计算机病毒等技术问题也会使网络融资存在风险。以大数据分析技术为基础的网络融资模式因模型的量化标准问题存在系统性风险（彭博，2015）。针对网络融资风险，学者们也提出了风险应对策略：从完善网络社交平台，有效减小违约风险和道德风险（谢平等，2012）、加强内部风险防范和外部风险控制（俞小孟，2015）等多角度创造多元化网络融资渠道、构建有效的风险防范体制机制。

网络融资的多主体参与性和融资过程复杂性，表现出网络融资具有复杂适应系统特性。CAS 理论是在 1994 年由约翰霍兰（Holland）提出的，指按一定规则进行非线性相互作用的行为主体所组成的动态子系统（张玉明等，2014），而且各主体能够在环境中不断“学习”和“成长”并与周围环境发生作用（陈禹，2001）。互联网金融市场中的参与主体具有有限理性（高雅纯，2013），导致系统内部产生复杂相互关系。近年来，不断有学者将 CAS 应用于管理领域：张玉明等（2014）在复杂适应系统视角下对互联网金融的特征和运作机制进行了研究，郭佳德（2015）将众筹市场系统视为复杂适应系统进行分析，可见 CAS 为互联网金融的研究提供了新思路。

通过文献梳理，本书发现学者对小微企业的网络融资以及网络融资风险问题有了初步分析，但国内学者的焦点多集中在网络融资的实现形式、政策引导和法律保障层面，关于风险形成关键要素的分析研究较少，应用 CAS 理论对互联网金融市场的研究也不够充分，一定程度上阻碍了网络融资模式的发展。虽然网络融资有多种模式，但其风险来源具有相似性，本书拟选用三种典型的小微企业网络融资模式（网络众筹融资模式、P2P 网络借贷模式、基于大数据的小额贷款融资模式）进行流程分析，确定网络融资具有复杂适应系统特征，以 CAS 视角对小微企业的网络融资风险构成进行探讨，构建不同风险来源关系模型，以期阐述破解小微企业网络融资风险的多层次策略体系，有效解决融资问题促进其持续发展。

7.2 小微企业网络融资模式分析

本书主要介绍小微企业网络融资典型的三种模式：网络众筹融资模式、P2P网络借贷模式、基于大数据的小额贷款融资模式，以CAS为视角分析上述三种模式的网络融资流程，探索其复杂性特征，为网络融资主要风险要素的识别和分析奠定基础。

众筹即大众筹资，指小微企业通过互联网平台，以实物、股权、期权等回报形式，向公众募集融资资金的模式。一方面，贷款企业可以解决发展过程中的资金需求，通过众筹网络平台发布融资项目计划，制定回报方式；另一方面，借款方可以自主判断选择不同的创意项目和投资额度。运作流程如图7-1所示。

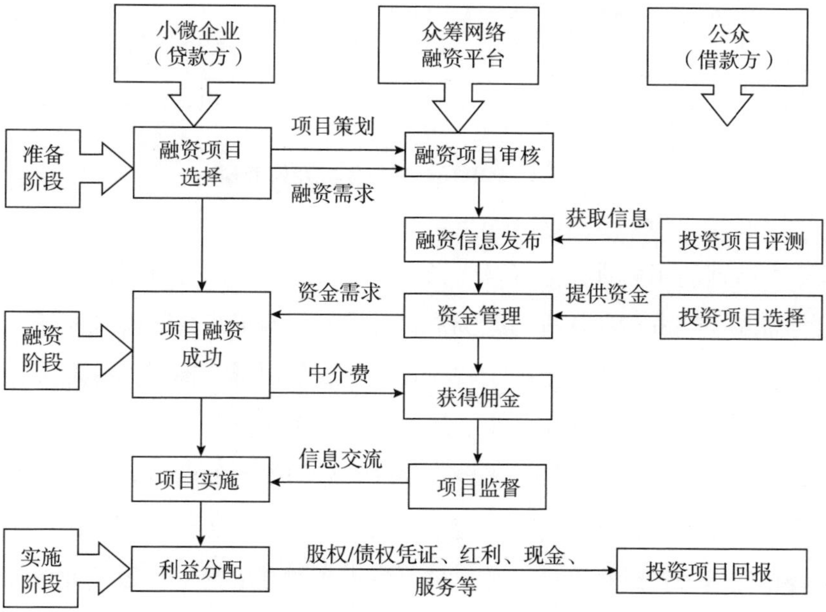

图7-1 众筹网络融资模式流程

P2P网络借贷模式指小微企业通过第三方互联网平台，寻找基于一定条件、有能力和意愿的一个或多个贷方，进行借贷双方资金匹配的融资模式。一方面，小微企业可以自主选择利己的贷款利率从而降低交易成本；另一方面，多个借款方共同参与投资项目可以有效降低投资风险。运作流程如图 7-2 所示。

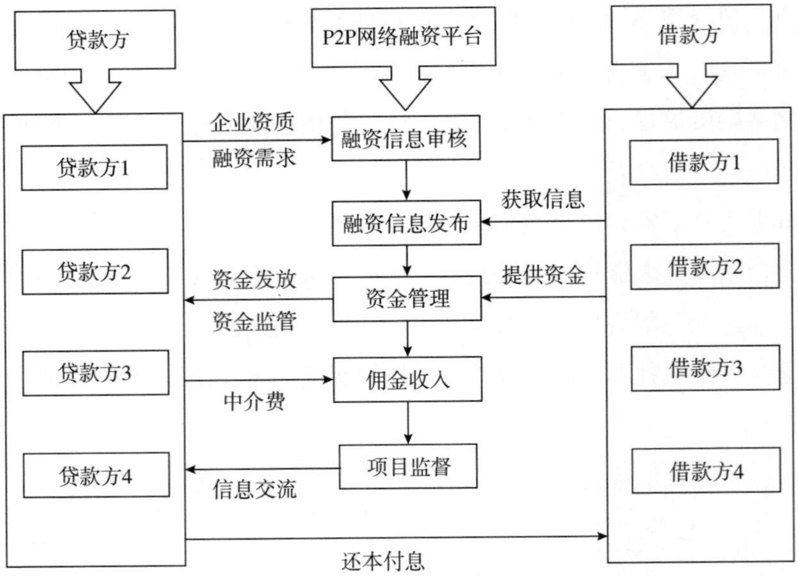

图 7-2　P2P 网络借贷模式运作流程

基于大数据的小额贷款融资模式指由电商发起，为满足电子商务领域小微企业的融资需求，经审核向其进行融资贷款的模式。与传统金融模式相比，基于大数据的小额贷款融资模式将抵押贷款模式转化成信用贷款模式，降低了融资门槛和融资成本，提高了资金使用效率。运作流程如图 7-3 所示。

为有效吸引投资资金、增强平台信用度、分担平台经营风险，融资平台分别与第三方融资担保机构和第三方支付平台组成战略合作伙伴关系，由于担保机构不直接接触网络融资过程，第三方支付平台也是通过融资平台进行业务操作，为简化网络融资操作流程探索其风险共性，本书将担保机构和第三方支付平台归结到网络融资平台主体，属于复合型中介平台。综观以上三种网络融资模式的运作流程，贷款方、借款方和融资平台作为网络融资的三大参与主体，为达到自身目的在融资过程中都遵循着一定的市场规则。项目准备阶段，贷款方向融资平台提

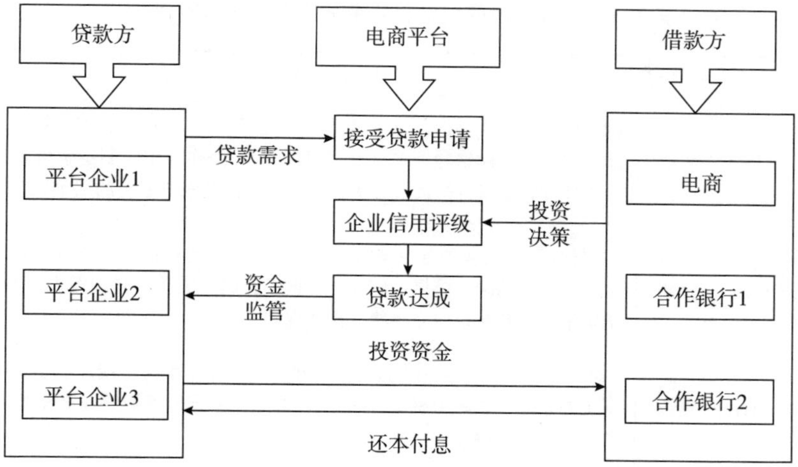

图 7-3 基于大数据的小额贷款融资模式运作流程

供必要的项目及企业信息，由相关专业机构按一定规则对资料进行审核，不同融资模式在进行信息审核时的关注点略有差别，主要体现在：众筹融资平台重点关注企业项目的创意或新技术开发，P2P 网络融资平台重点审核企业还款能力，电商平台以企业多年的经营交易数据积累为资源库，考察其还贷能力并确定信用等级。审核通过后对融资项目进行公开宣传推广。项目匹配阶段，有意投资的借款方在网络融资平台获取融资信息，对融资项目进行评估、选定并将投资资金提供给融资平台，规定时间内筹资金额应达到或超过目标金额则融资成功，否则融资失败，投资金额将退还给投资方。项目实施阶段，贷款企业向融资平台和借款方提交项目进度报告并接受融资平台的监督，按照融资计划，在规定时间内以一定的形式向借款方提供相应的回报。

从上述分析来看，网络融资系统包含了大量主体以及各主体之间的行为规则，满足复杂适应系统的要求，因此本书将小微企业网络融资看作一类复杂适应系统，即满足约翰霍兰提出的七个基本特征，包括四种主体进行适应和系统演进过程中的特性（聚集、多样性、非线性、流）和三个表示主体与环境进行交流时的作用机制（标识、内部模型、积木）（霍兰等，2011）。结合 CAS 理论，给出小微企业网络融资系统的基本特征（见表 7-1）。

表 7-1 小微企业网络融资复杂适应系统的基本特征

序号	基本点	关键词	基于网络融资系统的注释
1	聚集	涌现	网络融资系统中，借款方、贷款方、融资平台构成“聚集”主体，以及各融资项目也在网络融资平台上“聚集”。平台作为中介制定融资规则、促进各主体互动交流并达成资金借贷，表现出网络融资系统的“涌现”特征
2	多样性	协调	“多样性”主要体现各主体的适应性。贷款方的项目类型或表述方式的差异会得到不同的融资结果，借款方依据经验偏好或政策导向等做出投资决策，融资平台不断制定、完善相关操作规则
3	非线性	复杂	“非线性”指主体在聚集过程中的相互作用并非单纯的线性表示。网络融资系统的非线性表现为融资项目的完成受到多方因素影响，如融资日期、融资项目、融资数额、投资方决策等
4	流	循环	“流”反映主体、系统、环境之间的物质、信息、能量的交换。网络融资各参与主体作为节点衔接不同资源：资金或者各种回报
5	标识	选择	“标识”是主体相互作用的基础，是网络融资系统广泛存在的一种辨别机制。网络融资过程中，“标识”主要体现在融资项目的发现上，贷款方将项目概况、筹资目标和时间、企业信息等通过文字、图片等形式提交到融资平台，以便通过审核并吸引借款方投资
6	内部模型	预知	“内部模型”体现主体受到刺激做出相应的反应，即 CAS 的预知机制。贷款方不断改进融资项目设计，融资成功后公布项目进展以便加强与借款方和平台的信息交流。借款方在关注自身利益的基础上考察融资项目价值和成功概率，决定是否投资以及投资数额。融资平台利用数据库，以大数据、云计算等为基础，对借贷双方的信息进行审核并制定平台运营规则
7	积木	组合	各主体通过“积木”的重新组合形成新的内部模型，以适应外界环境的变化。贷款方不断完善融资项目细节或设定不同的回报方式吸引借款方。借款方在信用等级较高的融资平台上选择不同融资项目组合来提高收益降低风险。平台根据经验或政策支持选择项目价值较高、信用等级较好的贷款方，筛选资金来源可靠、信用良好的借款方

网络融资具有聚集、多样性、非线性、流的特性。多主体性和要素是成为复杂适应系统的前提，借款方、贷款方、网络融资平台构成网络融资聚集的参与主体，贷款方指小微企业，借款方包括个人、电商平台、金融机构等，不同网络融资模式对应不同类型的融资平台。各主体聚集过程的非线性具体表现为网络融资受多方因素不同程度的影响。任何个体都不是孤立存在的，必须依托一定的环境（刘德胜和陈加奎，2015），网络融资过程中，各主体在一定的环境中，通过

“流”与其他主体以及各类环境进行物质、信息、能量的交互作用。网络融资外部环境主要包括环境和行业环境，法律环境对互联网金融的发展起到保障作用，对相关利益者的利益划分起到监督保护作用，行业环境为互联网与金融的融合提供肥沃的土壤，互联网金融与行业环境的发展起到相互促进的作用。主体的多样性、作用的非线性、环境的复杂性要求各主体具有一定的适应性，不断地进行“学习”和“积累经验”，对自身结构和行为方式进行有原则、有目标、有方向的改变，以适应环境（龚艳萍和陈艳丽，2010）。正是由于小微企业网络融资的多主体参与性和过程的复杂性导致网络融资风险多元化。

7.3 小微企业网络融资风险要素识别实证检验

根据上一节理论分析得到的五种风险因素，为验证其合理性和科学性，利用SPSS.21软件对小微企业网络融资风险调查问卷数据进行分析，运用探索性因子分析方法进行实证检验。

7.3.1 样本选择和数据收集

2016年底，依托国家社会科学基金项目的支持，对我国小微企业展开大规模调查。为保证调查的全面性、调查数据的真实性，以全国范围内5000家小微企业为研究对象，通过实地入户调查、线上问卷、邮递调研等多种形式同步进行。调查问卷中共收回3120份，其中有效问卷约为2948份，回收率及有效率分别为62.4%和58.96%。在对问卷甄别的过程中，首先进行数据预处理，出现关键信息不全、回答模糊、正反题项回答一致以及有明显错误的问卷都视为无效问卷。本次问卷要求对变量进行Likert 7点打分法测量，该方法对调查对象的打分标准有具体要求：按照测量项陈述与样本企业实际情况的符合程度打分，不同分值的具体含义分别为：1. 非常不符合；2. 很不符合；3. 不符合；4. 一般；5. 符合；6. 比较符合；7. 非常符合。通过此次调研不仅为小微企业网络融资风险研究提供了极其珍贵的数据资料，提供了必要的数据支持，而且也使相关研究具有一定的科学依据。具体问卷如附录1所示。

7.3.2 描述性统计

本次调查问卷中设计了企业基本信息的调查，包括企业性质、企业规模、企业所在地区等。统计结果表明，本次调研的中小企业多集中在东部，这与地区制度环境完善程度有关，此外中部、西部均有涉及。从企业性质来看，小微企业占据了很大比重，约为33.06%；从发展阶段来看，有60.55%的科技型小微企业处于成长期；从企业规模来看，50人以下的企业居多，占63.18%（见表7-2）。总体来看，调查样本具有一定的代表性，涉及东部、中部、西部不同地区，涉及国有、民营、有限责任、合伙、股份、外资等不同性质，涉及创立期、成长期、成熟期不同时期，涉及50人以下、50~100人、100~150人、150人以上不同规模的小微企业，能大致反映我国小微企业的基本特征。

表7-2 样本分布

项目	类别	样本（人）	所占比例（%）	累计百分比（%）
分布地区	东部	2461	83.49	83.49
	中部	216	7.32	90.81
	西部	196	6.65	97.46
	缺失	75	2.54	100
企业性质	国有	374	12.68	12.68
	集体	322	10.91	23.59
	民营	975	33.06	56.65
	有限责任	831	28.18	84.83
	合伙	291	9.86	94.69
	股份公司	102	3.46	98.15
	外资	23	0.78	98.93
	缺失	30	1.07	100
发展阶段	创立期	607	20.59	20.59
	成长期	1785	60.55	81.14
	成熟期	237	8.04	89.18
	其他	123	4.17	93.35
	缺失	196	6.65	100

续表

项目	类别	样本（人）	所占比例（%）	累计百分比（%）
企业规模	50 人以下	1859	63.18	63.18
	50~100 人	637	21.52	84.70
	100~150 人	307	10.38	95.08
	150 人以上	123	4.17	99.25
	缺失	22	0.75	100

7.3.3 探索性因子分析

探索性因子分析一般表示为：$X_1 = w_{11}F_1 + w_{12}F_2 + \cdots + w_{n1}F_1 + w_1 U_1 + e_1$，其中，$X_n$ 表示观测变量；F_M 表示因子分析中的基本因子，是观察变量共有的因子；U_n 表示特殊因子，是观测变量特有的因子表示，改变量被公因子表示；w_M 表示因子荷载，是每个变量在各公因子上的负载；e_n 表示每一观测变量的随机误差。

关于小微企业网络融资风险的调查问卷共包括 25 个项目，涉及网络融资风险指标，包括贷款方风险、借款方风险、融资平台风险、政策法律风险、行业市场风险，每一方面由 4~6 个网络融资风险指标进行衡量。对数据进行探索性因子分析，采用因子特征值≥1.0 的标准，最大收敛性迭代次数为 25，数据处理结果如表 7-3 所示。贷款方风险、借款方风险、融资平台风险、政策法律风险、行业市场风险的信度系数在 0.814~0.862，均高于 0.7 的最低标准，表明问卷整体具有较高的信度。KMO 值为 0.958，远高于 0.5 的最低标准；各维度 Bartlett 球形检验的显著性可见，Sig. 值都为 0.001，高度显著，因此对数据进行探索性因子分析是合适的，问卷具有良好的效度。因子分析后，总方差解释量为 62.549%，高于 50%的最低标准。

表 7-3 网络融资风险因子分析结果

	贷款方风险	借款方风险	融资平台风险	政策法律风险	行业市场风险
花费大量投入进行调研	0.679	0.251	0.227	0.226	0.077
进行可能得风险分析	0.736	0.179	0.230	0.119	0.181

续表

	贷款方风险	借款方风险	融资平台风险	政策法律风险	行业市场风险
严格的企业治理结构有助于企业成长	0.660	0.248	0.198	0.179	0.289
企业属于技术人才密集型	0.735	0.200	0.224	0.187	0.155
企业知识管理体系完善	0.665	0.205	0.223	0.212	0.123
网络融资能否满足企业融资需求	0.176	0.680	0.190	0.191	0.215
融资资金到账时间是否快速	0.128	0.739	0.190	0.097	0.196
网络融资成本是否高于银行贷款	0.209	0.744	0.191	0.137	0.174
平均融资成本（包含关系费）过高	0.283	0.692	0.215	0.117	0.212
关注融资平台对借款方的审核程序	0.283	0.653	0.197	0.155	0.164
能及时获取贷款项目审核情况	0.317	0.171	0.534	0.220	0.036
平台能保护好企业信息及项目信息	0.164	0.230	0.635	0.016	0.226
融资平台规模较大	0.200	0.137	0.695	0.135	0.204
关注担保机构的担保资格	0.169	0.211	0.665	0.106	0.160
关注融资平台与担保机构是否存在联系	0.116	0.142	0.636	0.165	0.180
关注第三方支付平台资质	0.231	0.142	0.630	0.263	0.140
政策法律环境完善程度高	0.158	0.087	0.256	0.748	0.141
政策法律能很好地保护企业知识产权	0.181	0.201	0.175	0.792	0.226
关注网络融资监管程序	0.252	0.153	0.122	0.784	0.108
重视企业信用信息的维护	0.202	0.181	0.156	0.676	0.337
不同融资平台差异性较高	0.093	0.186	0.170	0.187	0.774
经常收到大量不同融资平台宣传信息	0.148	0.218	0.178	0.176	0.740
关注融资平台金融资质	0.156	0.148	0.273	0.130	0.681
融资平台更替较快	0.235	0.312	0.207	0.194	0.584
关注融资平台是否加入自律组织	0.360	0.298	0.168	0.280	0.491
信度系数	0.862	0.858	0.814	0.860	0.839

在文献分析的基础上，根据网络融资不同模式的运作流程分析得到小微企业网络融资五大风险来源，即贷款方风险、借款方风险、融资平台风险、政策法律风险、行业市场风险。运用 SPSS. 21 软件对小微企业网络融资风险调查问卷数据进行探索性因子分析，提炼出五个因子，即用实证方法验证了科技型小微企业网络融资风险的五大风险来源，为下一节分析网络融资风险形成机理奠定了基础。

7.4 小微企业网络融资风险形成机理

网络融资给小微企业带来契机的同时也存在着高风险。本书通过对小微企业网络融资过程的复杂性特征分析，对网络融资主要风险来源进行研究。CAS 理论的核心思想是强调主体的适应性，对各主体接受环境刺激进行自我认知和环境认知，然后进行自我调节并对环境进行反馈。一方面，网络融资各参与主体存在于一定的环境中，为了达到各自目的不断适应环境并通过反馈来改造环境，在相互作用中寻求平衡；另一方面，各主体也可以作为彼此的环境，相互之间通过信息反馈进行主动适应和被动调节。结合网络融资运作流程，给出小微企业网络融资系统风险信息反馈图（见图 7-4）。

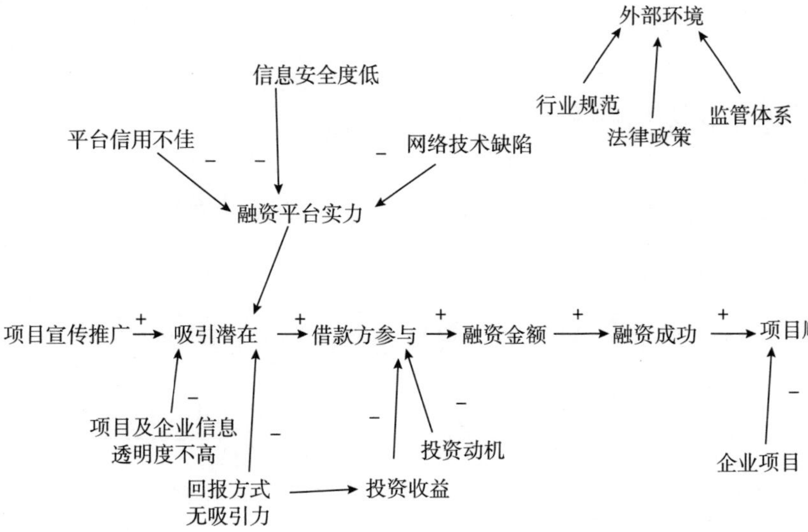

图 7-4 网络融资信息反馈

网络融资环境的复杂性和主体多样性，使网络融资系统具有一定的交互性和复杂性。从图 7-4 可以看到网络融资系统的正反馈路径：在一定的法律环境下，融资项目通过审核后进行宣传推广，有效吸引借款方进行投资，增加融资金额，最后使融资项目顺利完成。在融资过程中也存在诸多其他影响因素，对网络融资系统产生负反馈影响。平台信用、信息安全、网络技术等因素通过融资平台影响融资项目对投资方的吸引程度，贷款企业对融资项目设计及回报方式对借款方的投资行为产生负反馈影响，企业项目执行力差也不利于项目的顺利实施，投资收益结果和投资动机通过借款方主体对网络融资系统进行负反馈。负反馈的结果是抑制或减弱网络融资系统运作效用，网络融资参与主体在与环境和其他主体进行相互适应并反馈的过程中，造成负反馈的因素也是使网络融资产生风险的重要来源，不同的风险来源通过网络融资系统内“标识”“内部模型”“积木”三种作用机制进行风险传导，从而引发网络融资风险。因此，本书根据风险产生的原因，结合网络融资系统中的负反馈因素以及复杂适应系统的三种作用机制，从政策法律环境、行业市场环境、融资平台（包括第三方融资担保机构、第三方支付平台）、贷款方和借款方五个方面对小微企业网络融资主要风险来源进行探讨，构建网络融资风险形成机理理论模型（见图 7-5）。

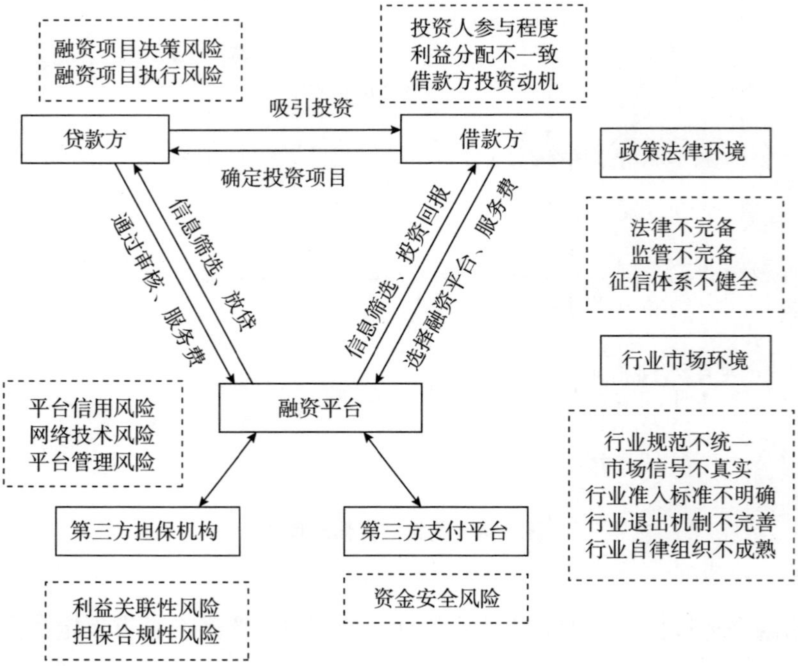

图 7-5　网络融资风险形成机理

（1）法律环境风险分析。小微企业网络融资系统中，各主体不断与外界环境交流互动，根据环境变化，有目的、有计划地改变自己的目标、取向，以适应并反馈环境。而网络融资的环境复杂多变，在一定程度上会影响各融资主体的行为，各种环境中，法律环境和行业环境对网络融资系统影响最直接，本书主要研究法律环境和行业环境对网络融资风险形成的影响。从网络融资系统信息反馈图可见，各融资主体在一定的外部环境中相互作用，并通过与环境相互适应的过程进行风险传导，因此外部环境是小微企业网络融资风险的重要来源，主要包括法律政策不健全、监管体系不完善、行业规范不统一。

由于国家现行法律法规、安全标准的缺失导致行业经济主体的行为失去有效约束（李二亮，2016），所导致的风险视为外部环境风险。首先，网络融资的法律地位不明确，征信体制不健全给网络融资平台的资格审核工作造成不便；融资担保制度不完善可能导致保证违约风险；知识产权保护欠缺可能损害贷款方利益，尤其对小微企业而言，为通过平台审核吸引投资需尽可能详细地描述项目创新内容及关键点，这一过程可能存在侵害小微企业知识产权的行为。其次，网络融资市场监管主体模糊、监管制度缺失也会产生一定风险。哪个部门负责网络融资的监管工作？不同网络融资模式的监管工作有何区别？贷款人违约时谁为借款人的损失负责？这些问题目前都没有统一规范的答案。最后，融资平台的市场准入制度、业务操作流程、市场退出机制不完善，行业规范不统一，借贷双方的权利义务也没有明确规定，仅依靠融资平台的管理难以约束双方行为。

（2）行业市场环境风险。各融资主体在一定的外部环境中相互作用，并通过与环境相互适应的过程进行风险传导，行业市场环境也是科技型小微企业网络融资风险的重要来源。

第一，行业规范不统一，没有相关法律法规对网络融资业务进行细化和规范，融资平台的业务操作流程不完善，借贷双方的权利义务也没有明确规定，仅依靠融资平台的管理难以约束双方行为，融资平台拥有较大的自由空间，也容易出现擦边球行为，危及网络融资安全。第二，科技型小微企业通过市场信号选择融资平台，所获得的金融服务质量取决于市场信号的质量，互联网时代激活了竞争性信息的生成，难以识别网络融资平台与客户之间的海量信息，信息过剩造成网络融资行业市场信号中无效信息的增多，一定程度上增加了科技型小微企业和投资方的有效信息识别难度，造成市场信号真实性风险。第三，市场准入标准不明确，网络融资平台仅需依据《公司登记管理条例》《互联网信息服务管理办法》《互联网站管理工作细则》相关规定在工商管理部门和通信管理部门进行注册备案即可开始运行，没有明确的市场准入标准，造成网络融资行业鱼龙混杂，增加了科技型小微企业网络融资风险。第四，市场退出机制不完善。网络融资平台如何退出市场？借贷双方的合法权益在融资平台退出时如何得到保障？这些问题都没有明确的法律规定。第五，行业自律组织不成熟，网络融资可能因个体营私或不作为造成操作风险，这是缺乏自律的表现。融资平台不能进行严格的自我约束就可能出现违法操作。现存的网络融资行业自律协会多为地方性，平台数量少、执行力差、组织涣散，很难起到自律作用。

（3）网络融资平台风险分析。“积木”指主体通过重新组合生成新的内部模型以适应环境变化的一种生成机制。融资平台通常根据政策支持导向或经验选择项目价值较高、信用等级较好的贷款方，并通过信息审核选择借款方资金来源可信、信用较高的借款方。网络融资平台汇集不同借贷方并进行组合形成新的内部模型，通过融资活动进行资金匹配，融资平台对借贷双方的筛选和组合有一定的影响。从图 7-4 可见，网络融资信用不佳、信息安全度低、网络技术缺陷等因素会通过融资平台对网络融资系统产生负反馈效应。因此，网络融资平台风险主要包括融资平台信用风险、信息安全风险和网络技术风险，通过“积木”作用机制影响网络融资系统。

网络融资平台作为枢纽连接借贷双方，通过信息的宣传推送和资金的吸收管理使贷款方获得所需资金，借款方也得到了一定形式的回报。一方面，小微企业与融资平台之间可能存在信息不对称，企业无法确切知道平台的项目审核标准和其他竞争企业的具体情况，只能被动地等待审核，存在着逆向选择风险。平台内部的运行机制并不完善、工作人员的管理经验和风险意识弱，导致平台操作风险，使小微企业无法得到专业性的建议和实质性的帮助。另一方面，网络融资模式是互联网方式和传统金融业务的组合，具有双重属性，也面临着双重风险，除了传统融资方式的风险，网络安全风险也影响着网络融资的发展。网络融资平台掌握大量的客户信息，由于网络融资平台信息系统自身的脆弱性、信息技术的不完善、相关协议的内在漏洞以及人为因素（内部员工工作失误、外部黑客攻克、病毒及木马入侵等）的蓄意破坏等因素，都可能导致严重后果，如资金盗失、信息泄露等。

融资平台与第三方融资担保机构以及第三方支付平台结成战略性合作伙伴，形成借款方投资资金安全的第三方屏障，共同保障网络融资顺利进行。由于网络融资目前还处于发展期，其他第三方主体也存在诸多风险。第三方融资担保机构可能存在担保合规性风险、担保方违约风险、融资平台关联风险，第三方支付平台可能存在资金安全风险。

融资平台、第三方融资担保机构、第三方支付平台三者之间通过信息反馈进行风险的相互传导。首先，《融资性担保公司管理暂行办法》对第三方担保公司提出担保资质和担保金额方面的规定，但目前多数第三方担保机构不具备融资性担保资格，担保的最高杠杆也无限制，可能存在合规性风险，使融资平台出现系统性风险时担保公司因杠杆过高无力偿还本金，导致融资性担保行业和融资平台信用受损。其次，担保公司的不作为或倒闭、担保不及时、担保抵押不足等情况都可能导致保证违约，诱使网络融资平台存在外源性法律风险。若网络融资平台与第三方担保机构存在共同利益，两者可能共谋，一旦贷款方出现违约，履行担保职能的担保公司的资金可能与网络融资平台本身存在关联，违约风险并没有被分散和转移，而是在担保公司与网络平台之间进行内部流转。最后，第三方支付平台存在大量沉淀资金，如果出现沉淀资金与自有资金混同甚至挪用沉淀资金，可能因平台资金流动性不足导致资金安全风险，进而引发第三方支付平台和网络融资平台风险。

（4）贷款方风险分析。“标识”是主体进行交流互动时的一种辨别机制。小微企业除了与环境进行交互，与各适应主体相互适应的过程中也存在风险。贷款方提交相应资料信息，设定利益分配规则，以便通过平台审核，吸引借款方选择投资项目达到融资目的并完成项目实施，从图 7-4 可见，项目及企业信息透明度、融资目标、回报方式、企业项目执行能力都会对网络融资系统进行负反馈。因此，贷款方风险主要来源于融资项目决策风险和融资项目执行风险，通过“标识”作用机制与借款方和融资平台相互作用，风险会通过这种相互联系影响整个网络融资系统。

实施项目创新或技术研发是小微企业提高竞争力的必要途径，因此创新型、科技型融资项目类型较为常见。网络融资过程中，小微企业作为项目发起方，根据项目和企业经营状况以及战略发展目标进行融资项目决策，并制定科学有效的项目实施管理方案。首先，融资项目决策主要考虑融资项目设计，包括企业信息及项目展示方式、融资额度、融资时间和回报方式等设计。研究发现，融资成功与项目质量呈较强正相关、与投资回报呈正相关、与目标金额呈较强负相关、与融资期限呈负相关（Mollick E.，2014）。这就要求小微企业在保护知识产权的基础上合理进行融资项目设计，有效避免项目决策风险。其次，项目实施阶段，小微企业可能因缺乏科学的管理理念和良好的组织能力而出现经营失误，或企业现有的技术和经验不足以完成创新内容而导致项目延误甚至失败引发项目执行风险。项目不能顺利进行直接影响融资之后的利益分配，融资平台信誉受损、借款方资金损失、贷款方也要付出较高的信用成本。

（5）借款方风险分析。“内部模型”是主体受到刺激做出相应反应，并储存这种刺激以便遇到相同或者类似刺激时能合理预测后果并采取一定措施的预知机制。借款方的“学习经验”的积累在网络融资行为中起到重要作用（Plott，2000），Puro 等（2011）也指出借款方通过学习提高判断贷款方信用的能力和信心。有投资意向的借款方选择可信赖的网络融资平台，根据平台信息选择投资项目，综合考虑企业的还款能力、项目成功概率等因素选择融资项目，即考察借款方对项目未来发展获益情况的预知能力。从图 7-4 可见，对潜在投资方吸引力不足、投资收益低、投资动机不纯都会通过借款方对网络融资系统进行负反馈，减弱网络融资效果。因此，对于众筹网络融资模式和 P2P 网络融资模式而言，借款方可能的风险通过“内部模型”作用机制进行传导，其风险主要包括投资人参与程度、利益分配不一致、投资人投资动机三个方面。

借款方风险指有投资意向的投资方通过网络融资平台决定是否投资以及投资数额时，因为自身认知或其他考虑而做出损害网络融资其他参与主体的行为所导致的损害。首先，受社会文化和居民收入水平的影响，大众对网络融资认知匮乏，通过网络融资方式进行投资的意识也不强，导致投资人参与度较低，一定程度上阻碍了网络融资活动的顺利进行。其次，投资人与小微企业存在不同利益追求，投资人追求自身效用或回报最大化时往往忽视甚至损害小微企业的利益，导致融资项目存在利益分配不一致风险。可见，投资人是否参与融资项目以及项目实施后的利益分配问题给小微企业网络融资带来风险。最后，网络融资平台作为中介，由于制度和流程设计上的缺陷使融资平台忽略对借款方资金来源的考核，或企业盲目追求大量投资资金只对借款方提供的基本信息进行审核，缺乏对资金来源合法性考察的指标和方法，一定程度上为网络洗钱提供了条件，也为从事高利贷的不法分子提供了机会，动摇了金融市场和社会环境稳定。

7.5 结论与对策分析

根据前述分析，小微企业网络融资系统主要包括外部环境风险、贷款方风险、借款方风险和融资平台风险（包括第三方融资担保机构风险、第三方支付平台风险）四大风险来源，结合网络融资的操作流程，针对四大风险来源从外部风险控制、内部风险防范两个角度就完善网络融资法律体系、加速网络融资平台建设、提高小微企业内部管理水平、增强借款方风险防范意识四个方面提出相应建议。

（1）完善网络融资法律体系。第一，网络融资合法化。出台针对网络融资的法律法规，明确网络融资的边界和主体地位，规范借款方的从业资格和业务范围，约束第三方融资性担保机构行为，从法律层面制定网络融资的标准。第二，加强对知识产权的保护。在融资过程中要寻找项目展示和知识产权保护的平衡点，登记知识产权，由企业决定公开程度，对有意向的投资方进行不同程度的信息公示。第三，规范市场准入和退出制度。使实力强、管理能力先进的平台及其他第三方优先进入市场，取缔高风险融资平台；把贷款方的违约率作为退出标准的核心指标，设计多重风险预警系统。第四，建立监管机制。明确监管主体，由融资模式确定相应的监管部门；成立行业自律组织，优化资源配置，加强沟通互动和技术监控；制定监管规范，风险监测、预警机制灵活化。

（2）加速网络融资平台建设。第一，规范第三方资金托管机制。防范网络融资平台的信用风险，实现资金管理的独立性和透明性，降低融资平台的信用风险，保障借贷双方的资金安全。第二，完善融资平台内部管理制度。构建管理体系，优化业务流程，完善规章制度，提升平台人员的专业服务水平和增强信息保护意识，组建专业团队与担保机构共同进行审核来降级信息不对称程度，跟踪监督项目进展情况。第三，加强借贷双方的信用体系构建。应用大数据技术掌握企业财务状况和流动水平，构建企业信用数据库，建立风险识别体系和信用评级机制，实现网络融资的稳定发展。第四，提高网络安全技术。建立网络融资网络安全技术标准体系，加大网络安全技术的开发力度，提升网络安全技术水平，实现数据加密，保护各方的信息安全和资金安全。

（3）提高小微企业内部管理水平。筹备阶段，优化项目设计，不仅重视项目本身，还要考虑项目的融资目标、融资时间、展示形式、回报设计等，以便顺利通过平台审核并有效吸引投资资金实现融资目标。匹配阶段，激励借款方进行投资，加强与借款方的互动交流，展示项目信息，融资成功后合理进行资金调配，为项目实施做好准备。实施阶段，提升项目执行能力，建立专门的管理团队、内部管理制度和约束机制，同时接受融资平台监督，及时进行信息交流，汇报项目进程，保证项目的有效实施。

（4）增强借款方风险防范意识。第一，树立理性投资意识，充分了解当前融资环境，正确认识网络融资投资途径，选择可信赖的融资平台对融资项目及企业信息进行综合考虑，避免因盲目追求高回报导致投资风险。第二，考察融资平台的监管及担保流程，选择网络安全技术较高的融资平台，确保资金和信息安全。第三，投资过程中禁踩法律红线。

伴随互联网和大数据处理技术的发展与应用，共享经济是一个必然选择，作为共享经济的一种方式，网络融资改变了传统借贷关系形态，扩大了经营空间，打破了借贷双方在时间、空间上的限制，有效实现了资源共享、要素共享、利益共享，给传统金融模式带来了冲击。然而机遇与风险并存，本书以 CAS 为视角，结合网络融资操作流程，从三大参与主体和外部环境四方面分析小微企业网络融资风险形成机理，进而提出风险防范的对策建议，帮助小微企业提高融资效率，破解融资风险，真正实现金融资源更加有效、公平的配置。

8 小微企业网络融资风险评价指标体系构建及权重确定

评价指标体系是指评价对象所涉及的各种影响因素的集合。小微企业网络融资风险评价指标体系是进行小微企业网络融资风险评价的基础。选择指标是否全面、客观，指标标准的确定是否准确、实际，都关系到整个评价结果的实用性和正确性。小微企业网络融资风险评价指标体系的确定是建立在小微企业网络融资风险形成机理的详细分析基础上的，根据第6章对我国小微企业网络融资风险形成机理的研究，本章确定了小微企业网络融资风险的影响因素主要包括以下五个方面：政策法律环境风险、行业市场环境风险、融资平台风险（包括第三方融资担保机构风险和第三方支付平台风险）、贷款方风险、借款方风险。构建影响小微企业网络融资风险评价指标体系的目的是评价小微企业网络融资风险状态，指标权重的确定是风险状态评价的基础，本章采用层次分析法有效确定了指标权重，指标权重的高低反映小微企业网络融资风险影响程度的大小，确定指标权重就是找出其对小微企业网络融资风险影响程度深、影响范围广的指标进行重点分析，以避免小微企业网络融资风险的发生。

8.1 小微企业网络融资风险指标体系构建

8.1.1 指标的选取原则

风险管理是一项系统工程，根据前文对融资风险、风险管理管理以及小微企业网络融资风险形成机制的研究，为使指标体系能够有效地对融资风险进行预警，选取时应遵循以下原则：

（1）综合性原则。经济意义明确，所有指标涵盖的经济内容应能够包含影响小微企业网络融资风险管理目标的主要方面；评价指标一方面要反映小微企业网络融资风险的内容，另一方面要体现小微企业网络融资风险管理的目标。影响小微企业网络融资风险形成的因素和指标有很多，在诸多的因素和指标中要尽量选择对小微企业网络融资风险管理目标影响较大的因素和指标，而对那些目标在一定程度上有影响，但并不十分强烈的因素和指标则不选取。同时，指标的设计要具有较强的代表性和概括性，要在全面反映小微企业网络融资风险管理目标的前提下尽量减少数量，避免混乱，便于分析，能用一个指标概括的特性尽量用一个指标。

（2）客观性原则。在进行指标设计时应坚持实事求是，避免人为因素的影响。所设计的指标要能客观地反映对小微企业网络融资风险管理目标的影响，而不能仅凭设计者的主观判断来进行。能够真实、敏感地反映对小微企业网络融资风险某一方面风险形成的影响。

（3）稳定性原则。具有一定的稳定性，能够反映出小微企业网络融资风险在一定时期的变动趋势。

（4）独立性原则。各个指标应具有较强的独立性，排除其包容性，但不排除其相关性。各指标反映的应是影响小微企业网络融资风险的不同层面，各指标间不应存在重复。

（5）可测性原则。指标可以进行量化，或者一些小微企业网络融资风险定性指标可以进行定量化的描述。

8.1.2 指标选择的方法

指标体系的设计在小微企业网络融资风险管理中的地位非常重要，因此如何选择那些能客观、全面地反映影响小微企业网络融资风险管理目标的指标就显得极其重要。在本章中，采用特尔斐法来确定评价指标，其具体技术路线如下：

（1）指标的初步拟定。根据小微企业网络融资风险形成的特点，从政策法律环境风险、行业市场环境风险、融资平台风险（包括第三方融资担保机构风险和第三方支付平台风险）、贷款方风险、借款方风险五个层面初步拟定指标。

（2）选择专家。考虑到小微企业网络融资风险管理的复杂性和综合性，因此，在选择专家时要按照以下要求进行。

1）专家总体的权威程度较高。

2）专家的代表面应广泛。通常应包括融资技术专家、风险管理专家和高层决策者。

3）专家人数要适当。一般测定选择 20~30 人为适宜，本书由于受时间和经费的限制而又力求数据的准确性，因此确定调查的对象为 30 人。

专家结构如表 8-1 所示。

表 8-1 专家结构

专家类型	风险管理专家	融资技术专家	企业管理者	合计
人数（人）	10	10	10	30

（3）征询专家意见。为了节约调查的时间，让接受调查的专家在短时间内能对调查的目的和内容有比较完全、清楚的认识，在发放调查表时向专家介绍了本章的主要目的和调查目的，并将初步拟定的指标加以说明、罗列，由专家选择。如果专家认为指标不够全面，可以进行补充。

在征询评价因素时，还请专家对所确定的因素及指标对于总目标的影响大小进行了两两比较，以便于进行层次分析（AHP）时构造判断矩阵，并据此计算各因素及指标对总目标的影响大小，即权重。

（4）专家意见整理。进行了一轮的征询之后，专家的意见已经基本上集中了（专家意见将在后文中予以分析），同时限于时间的关系，专家意见调查仅进行一轮。经整理之后得出影响小微企业网络融资风险评价指标体系，如表 8-2 所示。

8.2 小微企业网络融资风险评价指标体系的构建

构建小微企业网络融资风险评价指标体系是进行风险等级评价的重要基础，是企业实施风险管理的一项基本内容。同时它也是一项很困难的工作，必须依据实际情况进行动态分析，应当充分考虑到企业所处的行业、面对的市场、企业内部状况等具体情况。根据第 7 章小微企业网络融资风险形成机理的实证研究结果构造指标体系如表 8-2 所示。

表 8-2 小微企业网络融资风险评价指标体系

小微企业网络融资风险评价指标体系	贷款方风险	项目决策可行性
		项目执行合理性
	借款方风险	投资人参与程度
		利益分配情况
		投资动机
	网络融资平台风险	平台信用程度
		网络技术程度
		平台管理合理性
		担保合规性
		利益相关性
		资金安全性
	政策法律风险	法律完备性
		监管完善性
		征信体系健全性
	行业市场风险	行业规范统一性
		市场信号真实性
		行业准入标准明确性
		行业退出机制完善性
		行业自律组织成熟性

8.3 AHP 简介

层次分析法（AHP）是将决策相关的元素分解成目标、准则、方案等层次，在此基础之上进行定性和定量分析的决策方法。该方法是美国运筹学家匹茨堡大学教授萨蒂于 20 世纪 70 年代初，在为美国国防部研究“根据各个工业部门对国家福利的贡献大小而进行电力分配”课题时，应用网络系统理论和多目标综合评价方法，提出的一种层次权重决策分析方法。这种方法的特点是在对复杂的决策问题的本质、影响因素及其内在关系等进行深入分析的基础上，利用较少的定量信息使决策的思维过程数学化，从而为多目标、多准则或无结构特性的复杂决策问题提供简便的决策方法。尤其适合于对决策结果难于直接准确计量的场合。层次分析法的步骤如下：

第一，通过对系统的深刻认识，确定该系统的总目标，弄清危机管理所涉及的范围，所要采取的措施方案和政策，实现目标的准则、策略和各种约束条件等，广泛地收集信息。

第二，建立一个多层次的递阶结构，按目标的不同、实现功能的差异，将系统分为几个等级层次。

第三，确定以上递阶结构中相邻层次元素间的相关程度。通过构造两两比较判断矩阵及矩阵运算的数学方法，确定对于上一层次的某个元素而言，本层次中与其相关元素的重要性排序——相对权重值。

层次分析法的整个过程体现了人的决策思维的基本特征，即分解、判断与综合，易学易用，而且定性与定量相结合，便于决策者之间彼此沟通，是一种十分有效的系统分析方法，广泛地应用在经济管理规划、能源开发利用与资源分析、城市产业规划、人才预测、交通运输、水资源分析利用等方面。

运用层次分析法对小微企业网络融资风险进行评价，首先要求对小微企业网络融资风险形成机理有系统、明确、深刻的认识。具体而言，要对小微企业网络融资风险这一系统的范围、所包含的因素（指标）、因素（指标）间的关联和隶属关系有清晰的认识。

（1）标度及描述。层次分析法是运用多因素分级处理来确定因素权重的方法，这种方法可以比较科学地确定权重，因此我们采用层次分析法作为影响小微企业网络融资风险指标的权重确定方法。

下面简述层次分析法确定权重的方法：

首先，对同一层次的指标两两比较其重要程度，并根据表 8-3 的赋值规则可以得到比较值，如表 8-4 所示。

表 8-3　指标相对重要性标定标准

两因素相对重要性比较	很重要	比较重要	稍显重要	同等重要	稍不重要	较不重要	不重要
标定值	7	5	3	1	1/3	1/5	1/7

表 8-4　比较值

	A1	A2	A3	…	An
A1	1	A12	A13	…	A1n
A2	A21	1	A23	…	A2n
A3	A31	A12	1	…	A3n
⋮	⋮	⋮	⋮	⋮	⋮
An	An1	An2	An3	…	1

（2）任意指标与自身相比同等重要，因此，该表对角线上的值均为 1。

（3）对角线两边互为倒数，比如有 $a_{ij}=5$，则一定有 $a_{ji}=\frac{1}{5}$，即存在 $a_{ij}=\frac{1}{a_{ji}}$。

（4）矩阵具有一致性。

计算所得矩阵 A 的一致性指标（Consistency Index，C. I. ）和一致性比率（Consistency Ratio，C. R. ）。

$$一致性指标\ C.\ I.=\frac{\lambda_{max}-n}{n-1} \tag{8-1}$$

平均随机一致性指标（Random Index，R. I. ）的数值可以通过查表获得，如表 8-5 所示。

表 8-5 平均随机一致性指标数值表

矩阵阶数^n	1	2	3	4	5	6	7
R. I.	0	0	0.58	0.90	1.12	1.24	1.32
矩阵阶数	8	9	10	11	12	13	
R. I.	1.41	1.45	1.49	1.51	1.54	1.56	

$$一致性比率\ C.R.=\frac{C.I.}{R.I.} \tag{8-2}$$

当一致性比率 C. R. <0. 1 时，认为判断矩阵具有一致性，它的最大特征根所对应的特征向量就能给出各指标的相对重要次序，将其正规化后就是所求的权重向量，否则要重新进行判断并写出新的矩阵。

设评价因素集合对应的权重因子向量为 $\underset{\sim}{A}$：

$$\underset{\sim}{A}=(a_1,\ a_2,\ a_3,\ \cdots,\ a_n) \tag{8-3}$$

其中，a_i 为评价因素 u_i 在总评定因素中所起作用大小和所占地位轻重的量度，称为权重。一般规定：

$$a_i\geqslant 0,\ 且\sum a_i=1 \tag{8-4}$$

在判断矩阵 A 满足不相容程度取值范围的基础上，根据模糊评判的精度要求给出计算权重的最小平方和法和 Saaty 最大特征向量法。

设：λ_i 为目标元素在企业危机管理中的相对重要程度（i=1，2，…，m；m 为目标元素的个数），$\lambda=(\lambda_1,\ \lambda_2,\ \cdots,\ \lambda_m)^T$。

第一，最小平方和法。求解一下规划问题获得权向量 λ 的取值

$$规划问题:MinS=\sum_{j=1}^{m}\sum_{i=1}^{m}(a_{ij}\lambda_j-\lambda_i)^2 \tag{8-5}$$

$$s.t.\begin{cases}\sum\limits_{i=1}^{m}\lambda_i=1\\ \lambda_i\geqslant 0\end{cases} \tag{8-6}$$

由于此规划问题是非线性规划问题，本章采用拉格朗日乘子法解此有约束条件的优化问题。令：

$$L(\lambda,\ a)=\sum^{m}\sum^{m}(a_{ij}-\lambda_i)^2+a(\sum^{m}\lambda_i-1) \tag{8-7}$$

则 $\frac{\partial L(\lambda, a)}{\partial \lambda_j} = 2\left[\sum_{i \neq j}^{m} a_{ij}^2 + m - 1\right]\lambda_j - 2\sum_{i \neq j}^{m}(a_{ij} + a_{ji})\lambda_i + a$

$$\frac{\partial L(\lambda, a)}{\partial a} = \sum_{i=1}^{m}\lambda_i - 1 \tag{8-8}$$

如果 $\lambda = (\lambda_1, \cdots, \lambda_m)^T$ 是原规划问题的最优解，必有：

$$\begin{cases} \frac{\partial L(\lambda, a)}{\partial \lambda_i} = 0 \\ \frac{\partial L(\lambda, a)}{\partial a} = 0 \end{cases} \tag{8-9}$$

由 $\frac{\partial L(\lambda, a)}{\partial \lambda_j} = 0$，　可得 $B\lambda = C$。

由 $\frac{\partial L(\lambda, a)}{\partial a} = 0$，　可得 $\sum_{i=1}^{m}\lambda_i = 1$。

其中，$B = \begin{pmatrix} \sum_{i \neq 1}^{m} a_{i1}^2 + m - 1 & -(a_{12} = a_{21}) \cdots & -(a_{1m} + a_{m1}) \\ -(a_{21} + a_{12}) & \sum_{i \neq 2}^{m} a_{i2}^2 + m - 1 \cdots & -(a_{2m} + a_{m2}) \\ & \vdots & \\ -(a_{m1} + a_{1m}) & -(a_{m2} + a_{2m}) \cdots & \sum_{i \neq m}^{m} a_{im}^2 + m - 1 \end{pmatrix}$

$C = (-a, -a, \cdots, -a)^T$

故：原规划问题最优解 λ 的测算值就是解方程 $\begin{cases} B\lambda = C \\ \sum_{i=1}^{m}\lambda_i = 1 \\ \lambda_i \geqslant 0 \end{cases}$ 的解。

第二，模糊最大特征向量法。这种方法以判断矩阵 A 为基础，通过解行列式 $|\beta I - A| = 0$（其中，I 为单位阵；A 为判断矩阵；β 为待求实数）获得最大特征根 ξ，进而把最大特征根 ξ 代入方程组 $\begin{cases} A\lambda = \xi\lambda \\ \sum_{i=1}^{m}\lambda_i = 1 \end{cases}$ 的联立方程式中，解出对应 ξ

的特征向量并使其特征向量 λ_i 的取值和为 1，通过一致性检验判断是不是该元素的权重，这样获得 $\lambda=(\lambda_1, \cdots, \lambda_m)^T$ 的取值就是权向量的测算值。

在具体应用的实践中，首先通过专家两两比较给出企业危机管理目标要素的判断矩阵 A，然后利用最小平方和法和模糊最大特征向量法可以求得危机管理目标要素的相对重要程度，将为本章的论述和和谐性检验提供权重数值。

8.4 AHP 确定各指标权重

本节在进行指标权重确定时，先求出各指标集的判断矩阵，然后用数字图像处理（Matlab）软件求其相应的最大特征值和特征向量，从而得到指标集中各指标权重。在数字图像处理（Matlab）中使用了函数[v，g]=eig(a)来求特征值和特征向量。其中，a 表示判断矩阵，v 用于存储特征向量，g 用于存储特征值。

求解小微企业网络融资风险各指标要素的权重，首先写出判断矩阵 A，在 Matlab 软件中使用函数[x，y]=eig(A)来求特征值和特征向量。其中 A 为判断矩阵，x 为征向量矩阵，y 为特征值矩阵；函数[m　m]=find{y==Max[Max(y)]}，确定 y 对应最大特征值所在的列，即 m；函数 w=A(:，m)/sum[A(:，m)]，确定 w 为判断矩阵 A 的权重。

（1）小微企业网络融资外部环境和内部主体要素权重确定（见表 8-6）。

$$A=\begin{pmatrix} 1.0000 & 1.6667 & 0.5556 & 1.6667 & 0.9259 \\ 0.6000 & 1.0000 & 0.3333 & 0.7895 & 0.5173 \\ 1.8000 & 3.0000 & 1.0000 & 3.2605 & 1.8292 \\ 0.6000 & 1.2667 & 0.3067 & 1.0000 & 0.6000 \\ 1.0800 & 1.9333 & 0.5467 & 1.6667 & 1.0000 \end{pmatrix}$$

表 8-6　网络融资内部主体和外部环境构成要素权重表

因素	贷款方风险	借款方风险	融资平台风险	政策法律风险	行业市场风险
权重（W）	0.2881	0.2559	0.1171	0.2666	0.0723

最大特征值 $\lambda_{max}=5.0066$，

一致性指标 $C.I.=\frac{\lambda_{max}-n}{n-1}=\frac{5.0066-5}{5-1}\approx 0.002$，

一致性比率 $C.R.=\frac{C.I.}{R.I.}=\frac{0.002}{1.12}\approx 0.002$，

判断矩阵满足 C. R. <0. 1，即通过了一致性检验，表示结果可以接受。

（2）贷款方构成要素权重确定（见表 8-7）。

$$A=\begin{pmatrix}1.0000 & 1.6667\\ 0.6000 & 1.0000\end{pmatrix}$$

表 8-7　贷款方构成要素权重表

因素	项目决策可行性	项目执行和理性
权重（W）	0. 6250	0. 3750

最大特征值 $\lambda_{max}=2$，

一致性指标 $C.I.=\frac{\lambda_{max}-n}{n-1}=0$，

一致性比率 $C.R.=\frac{C.I.}{R.I.}=0$，

判断矩阵满足 C. R. <0. 1，即通过了一致性检验，表示结果可以接受。

（3）借款方构成要素权重确定（见表 8-8）。

$$A=\begin{pmatrix}1.0000 & 0.7333 & 1.8000\\ 1.3637 & 1.0000 & 2.6000\\ 0.5556 & 0.3846 & 1.0000\end{pmatrix}$$

表 8-8　借款方构成要素权重表

因素	投资人参与程度	利益分配程度	投资动机
权重（W）	0. 5162	0. 2024	0. 2814

最大特征值 $\lambda_{max}=3.0004$,

一致性指标 $C.I.=\frac{\lambda_{max}-n}{n-1}=\frac{3.0004-3}{3-1}=0.0002$,

一致性比率 $C.R.=\frac{C.I.}{R.I.}=\frac{0.0002}{0.58}\approx 0.0003$,

判断矩阵满足 C. R. <0. 1，即通过了一致性检验，表示结果可以接受。

（4）网络融资平台构成要素权重确定（见表 8-9）。

$$A=\begin{pmatrix}1.0000 & 1.7857 & 5.6465 & 1.7044 & 4.1666 & 0.6521\\ 0.5600 & 1.0000 & 3.3222 & 0.4716 & 0.8974 & 0.3191\\ 0.1771 & 0.3010 & 1.0000 & 0.2173 & 0.2777 & 0.1666\\ 0.5867 & 2.1200 & 4.6000 & 1.0000 & 1.1719 & 0.3658\\ 0.2400 & 1.1143 & 3.6000 & 0.8533 & 1.0000 & 0.2272\\ 1.5333 & 3.1333 & 6.0000 & 2.7333 & 4.4000 & 1.0000\end{pmatrix}$$

表 8-9 网络融资平台构成要素权重表

因素	平台信用程度	网络技术程度	平台管理合理性	担保合规性	利益相关性	资金安全性
权重（W）	0. 2499	0. 1066	0. 0386	0. 1556	0. 1025	0. 3468

最大特征值 $\lambda_{max}=6.1751$,

进一步计算判断矩阵 A 的一致性指标及一致性比率，

一致性指标 $C.I.=\frac{\lambda_{max}-n}{n-1}=\frac{6.1751-6}{6-1}=0.0350$,

一致性比率 $C.R.=\frac{C.I.}{R.I.}=\frac{0.0350}{1.24}\approx 0.0282$,

判断矩阵满足 C. R. <0. 1，即通过了一致性检验，表示结果可以接受。

（5）政治法律环境构成要素权重确定（见表 8-10）。

$$A=\begin{pmatrix}1.0000 & 1.0000 & 1.3636\\ 1.0000 & 1.0000 & 1.3636\\ 0.7333 & 0.7333 & 1.0000\end{pmatrix}$$

表 8-10 政治法律环境构成要素权重表

因素	法律完备性	监管完善性	征信体系健全性
权重（W）	0. 3659	0. 3659	0. 2683

最大特征值 $\lambda_{max}=3$，

一致性指标 $C.I.=\frac{\lambda_{max}-n}{n-1}=0$，

一致性比率 $C.R.=\frac{C.I.}{R.I.}=0$，

判断矩阵满足 C. R. <0. 1，即通过了一致性检验，表示结果可以接受。

（6）行业市场环境构成要素权重确定（见表 8-11）。

$$A=\begin{pmatrix}1.0000 & 1.1538 & 2.2727 & 1.1538 & 3.9479\\ 0.8667 & 1.0000 & 2.1427 & 1.0000 & 3.5714\\ 0.4400 & 0.4677 & 1.0000 & 0.3846 & 1.6667\\ 0.8667 & 1.0000 & 2.6000 & 1.0000 & 3.5714\\ 0.2533 & 0.2800 & 0.6000 & 0.2800 & 1.0000\end{pmatrix}$$

表 8-11 行业市场环境构成要素权重表

因素	行业规范统一性	市场信号真实性	行业准入标准明确性	行业退出机制完善性	行业自律组织成熟性
权重（W）	0. 1953	0. 1104	0. 3646	0. 1230	0. 2067

最大特征值 $\lambda_{max}=5.0090$，

一致性指标：$C.I.=\frac{\lambda_{max}-n}{n-1}=\frac{5.0090-5}{5-1}=0.0022$，

一致性比率：$C.R.=\frac{C.I.}{R.I.}=\frac{0.0022}{1.12}\approx 0.0019$，

判断矩阵满足 C. R. <0. 1，即通过了一致性检验，表示结果可以接受。

据以上 AHP 层次分析计算结果将小微企业网络融资各风险指标权重汇总如表 8-12 所示。

表 8-12 小微企业网络融资风险评价指标权重总表

研究对象	一级指标	风险权重	二级指标	风险权重	加权权重
小微企业网络融资风险	贷款方风险	0.2881	项目决策可行性	0.6250	0.1801
			项目执行和理性	0.3750	0.1080
	借款方风险	0.2559	投资人参与程度	0.5162	0.1321
			利益分配程度	0.2024	0.0518
			投资动机	0.2814	0.0720
	融资平台风险	0.1171	平台信用程度	0.2499	0.0293
			网络技术程度	0.1066	0.0125
			平台管理合理性	0.0386	0.0045
			担保合规性	0.1556	0.0182
			利益相关性	0.1025	0.0120
			资金安全性	0.3468	0.0406
	政策法律风险	0.2666	法律完备性	0.3659	0.0975
			监管完善性	0.3659	0.0975
			征信体系健全性	0.2683	0.0715
	行业市场风险	0.0723	行业规范统一性	0.1953	0.0141
			市场信号真实性	0.1104	0.0080
			行业准入标准明确性	0.3646	0.0263
			行业退出机制完善性	0.1230	0.0089
			行业自律组织成熟性	0.2067	0.0150

注：加权权重指三级指标乘以二级指标再乘以一级指标之后对研究对象的直接影响值。

8.5 关于指标体系运用的说明

至此，本书已根据小微企业网络融资风险的形成机理构造了影响我国小微企业网络融资风险的评价指标体系，并通过对指标体系运用层次分析法（AHP）确定了各指标的权重。因此，整个小微企业网络融资风险评价指标体系已基本构建。在运用该指标体系时，要针对具体的小微企业网络融资风险形成的特点，按照本书的研究思路对该体系进行调整。

（1）关于各指标权重的调整。指标权重的确定是在综合各专家意见的基础上，运用层次分析法构建判断矩阵，并求解矩阵得到的。专家在对各因素和指标进行两两比较时，是根据一般情况下，各因素和指标间的相互关系来确定其重要程度的，具有较强的理论性。但在实际的评价中，由于民营企业的规模、企业制度类型、管理目标不尽相同，各指标的重要性不一定与理论上所分析的相一致，最终使各指标在评价中的作用（权重）与本章所分析的有差异。造成这种差异的原因主要包括小微企业所处的行业不同、企业规模差异、企业所在的区域以及企业实行的制度类型不同。

因此，理论上的权重在实际的运用过程中还需要根据具体企业的特点和目标进行调整。由于小微在研究过程中限定了小微企业中的新材料行业，而小微企业之间又具有很大的共性，因此其调整幅度不会太大，本章所建立的这套评价体系是建立在这种共性的基础之上的。对于某些需要调整的指标，其权重调整应根据下面两个原则进行：

1）各指标权重的调整在其所属的因素内部调整，其他的若无特殊情况则不变动。

2）按照其相对重要程度重新构建判断矩阵，并计算权重。

（2）关于指标的调整。本章的研究重点在于对小微企业网络融资风险状态的评价，其评价因素和指标反映的内容是新材料行业中的小微企业大多具有的内容，对于某些具有特殊危机因素本章未一一指出。而在本书调查的大多数小微企业内，有些小微企业情况比较特殊，这可能对特殊小微企业的评价有着重大的影响。因此，在运用该指标体系对小微企业网络融资风险程度进行评价时，要将个别小微企业的特殊内容考虑进去，增加一些反映这些小微企业内容的因素和指标，同时还应确定所补充的指标在这个体系中的权重；否则，会由于评价内容不全面而影响评价结果的客观性。

8.6 小微企业网络融资风险评价指标属性空间划分方法

在小微企业网络融资风险评价系统因素分析的基础上，本节应用系统分析

“定性与定量相结合的综合集成的方法”，针对小微企业网络融资风险评价的特点，对评价指标进行量化，指标的定量化为企业危机状态的模糊综合评价奠定了基础。

8.6.1 评价指标定量化的处理方法

（1）定量指标的确定方法。对于定量指标的数值确定相对于定性指标而言要容易一些，主要采用分五段区间取值方法来确定，公式如下：

$$DLZB_{ij}=\begin{cases}y_{j1}, & M_1\leqslant x_{ij}<M_2\\ y_{j2}, & M_2\leqslant x_{ij}<M_3\\ y_{j3}, & M_3\leqslant x_{ij}<M_4\\ y_{j4}, & M_4\leqslant x_{ij}<M_5\\ y_{j5}, & x_{ij}>M_5\end{cases} \tag{8-10}$$

其中，$DLZB_{ij}$ 为第 i 类第 j 个定量指标的确定值；y_{j1}、y_{j2}、y_{j3}、y_{j4}、y_{j5} 分别为第 1、第 2、第 3、第 4、第 5 变化区间内的数值；x_{ij} 为第 i 类第 j 个指标的原始采集的数据值；M_1、M_2、M_3、M_4、M_5 分别为第 1、第 2、第 3、第 4、第 5 区间变化的临界值。

（2）定性指标的定量化方法。同样采用五段区间取值方法来确定：

$$DXZB_{ij}=\begin{cases}a, & A_{ij}=Text_1\\ b, & A_{ij}=Text_2\\ c, & A_{ij}=Text_3\\ d, & A_{ij}=Text_4\\ e, & A_{ij}=Text_5\end{cases} \tag{8-11}$$

其中，$DXZB_{ij}$ 为第 i 类第 j 个指标的定性值；a、b、c、d、e 为某一定性指标所对应的定性描述特性所确定的量化指标值；A_{ij} 为第 i 类第 j 个定性指标的原始状况描述（$Text_1\sim Text_5$），如“很好”“较好”等。

8.6.2 指标定量化

前文通过对小微企业网络融资风险因素的辨识，确定了影响小微企业网络融资风险评价的各种因素，并构建了评价指标体系，下文根据小微企业网络融资风险发生的相关统计数据和专家经验来进行各区间划分。由于目前有关小微企业网络融资风险数据库的相关信息匮乏，因此在划分过程中部分是借助于专家的经验值。通过利用定性和定量相结合的方法对各种指标进行定量化处理，如表 8-13 至表 8-22 所示。

表 8-13　指标 i=1，3，19

等级	安全	低度预警	中度预警	高度预警	危机
指标描述指标	非常连续 0.9~1	比较连续 0.8~0.9	一般 0.7~0.8	不连续 0.5~0.7	很不连续 0~0.5

表 8-14　指标 i=2，4，5，15

等级	安全	低度预警	中度预警	高度预警	危机
指标描述指标	非常透明 0.9~1	比较透明 0.8~0.9	一般透明 0.6~0.8	不透明 0.4~0.6	很不 0~0.4

表 8-15　指标 i=6

等级	安全	低度预警	中度预警	高度预警	危机
指标描述指标	非常高>0.3	比较高 0.1~0.3	一般 0.03~0.1	不高 0.01~0.03	很低<0.01

表 8-16　指标 i=7，8

等级	安全	低度预警	中度预警	高度预警	危机
指标描述指标	很高>0.4	比较高 0.2~0.4	一般 0.1~0.2	不高 0.05~0.1	很低<0.05

表 8-17　指标 i=9

等级	安全	低度预警	中度预警	高度预警	危机
指标描述指标	很低<0.01	比较低 0.01~0.02	一般 0.02~0.03	比较高 0.03~0.05	很高>0.05

表 8-18　指标 i=10，12

等级	安全	低度预警	中度预警	高度预警	危机
指标描述指标	很高>0.6	比较高 0.4~0.6	一般 0.2~0.4	较低 0.1~0.2	很低<0.1

表 8-19　指标 i=11，16

等级	安全	低度预警	中度预警	高度预警	危机
指标描述指标	非常高 0.8~1	比较高 0.6~0.8	一般 0.4~0.6	较低 0.2~0.4	很低 0~0.2

表 8-20　指标 i=13，14

等级	安全	低度预警	中度预警	高度预警	危机
指标描述指标	非常低 0~0.1	比较低 0.1~0.3	一般 0.3~0.5	较高 0.5~0.8	非常高 0.8~1

表 8-21　指标 i=17

等级	安全	低度预警	中度预警	高度预警	危机
指标描述指标	非常高 0.5~1	比较高 0.3~0.5	一般 0.2~0.3	较低 0.1~0.2	很低 0~0.1

表 8-22　指标 i=18

等级	安全	低度预警	中度预警	高度预警	危机
指标描述指标	非常低 0~0.01	比较低 0.01~0.05	一般 0.05~0.1	较高 0.1~0.3	很高 0.3~1

9 小微企业网络融资风险识别、评估和诊断方法

小微企业网络融资风险源于企业外部环境和内部自身条件的变化，表现在企业外部环境、内部条件与小微企业网络融资风险管理目标的不和谐，对小微企业网络融资风险的评估、识别和诊断必须建立在对小微企业网络融资风险形成机理、表现征兆、小微企业网络融资风险评价指标体系以及小微企业网络融资风险管理目标详细分析的基础上，小微企业在其发展过程中的某一时点对小微企业网络融资风险的评估与识别采用相对静态的方法。小微企业在融资过程中，其面临的外部环境和内部条件都会随着时间的推移不断发生变化，这些变化的相互作用引起要素间新的不和谐，导致小微企业网络融资风险的产生，对于小微企业融资过程中由于风险因素变化引起的企业融资风险的评估与识别采用动态的方法。

9.1 小微企业网络融资风险识别技术

小微企业网络融资风险来源于外部环境和内部条件变化，给小微企业网络融资风险管理目标带来不利影响。对风险因素的识别和分析是小微企业网络融资风险管理的基础。小微企业网络融资风险管理具有复杂性和动态性特征，从小微企业网络融资的外部环境和内部条件的变化识别风险形成的因素，需要采用专家意见集成的模糊综合评价法。

属性空间划分问题描述：设 X 为识别对象空间（小微企业网络融资），x 是 X 中的元素（小微企业网络融资风险），有 I_1，I_2，…，I_m，m 个指标（I_1 表示

指标 1，…，I_m 表示指标 m）。令 x 的第 j 个指标 I_j 的测量值为 t_j，对每个 t_j 都设定 C_1，C_2，…，C_n 个属性评价等级。本章将属性评价等级分为：无风险状态、低度风险、中度风险、较高风险、高风险区五个属性评价等级。详细识别问题如表 9-1 所示。

表 9-1 属性空间划分表

评价等级 / 指标	无风险区	低度风险区	中度风险区	较高风险区	高风险区
指标 1（I_1）	（$a_{10}a_{11}$）	（$a_{11}a_{12}$）	（$a_{12}a_{13}$）	（$a_{13}a_{14}$）	（$a_{14}a_{15}$）
指标 2（I_2）	（$a_{20}a_{21}$）	（$a_{21}a_{22}$）	（$a_{22}a_{23}$）	（$a_{23}a_{24}$）	（$a_{24}a_{25}$）
⋮	⋮	⋮	⋮	⋮	⋮
指标 m（I_m）	（$a_{m0}a_{m1}$）	（$a_{m1}a_{m2}$）	（$a_{m2}a_{m3}$）	（$a_{m3}a_{m4}$）	（$a_{m4}a_{m5}$）

在表 9-1 中，α_{ij} 满足 $\alpha_{i0}<\alpha_{i1}<\alpha_{i2}<\alpha_{i3}<\alpha_{i4}<\alpha_{i5}$，且 α_{ij} 的取值由专家根据征兆表现可能引起企业网络融资风险的程度，利用模糊综合评判方法给出定性判断与定量赋值；如果 $\alpha_{22}<t_2<\alpha_{23}$，说明指标 2 引起的风险属于 C_3（中度风险）的范畴。

9.1.1 单指标属性的测度分析

对于 X 中被识别对象 x 的单指标 I 的测量值 t_j，具有属性 C_k 的测度 $\mu_{xjk}=\mu(t_j\in C_k)$，要根据具体问题、专家经验和一定的数学处理方法来确定。本部分依据张强等提供的属性综合评价系统来建立数学处理方法。

令 $b_{jk}=\dfrac{a_{jk-1}+a_{jk}}{2}$，$k=1，2，\cdots，n$ （9-1）

$d_{jk}=\min\{|b_{jk}-a_{jk}|，|b_{jk+1}-a_{jk}|\}$，$k=1，2，\cdots，n-1$ （9-2）

（1）当 $a_{j0}<a_{j1}<\cdots<a_{jn}$ 时，建立单指标属性的测度函数 $\mu_{xjk}(t)$ 如下：

$$\mu_{xj1}(t)=\begin{cases}1 & t<a_{j1}-d_{j1}\\ \dfrac{a_{j1}+d_{j1}-t}{2d_{j1}} & a_{j1}-d_{j1}\leqslant t\leqslant a_{j1}+d_{j1}\\ 0 & t>a_{j1}+d_{j1}\end{cases}$$

$$\mu_{xjk}(t)=\begin{cases}0 & t<a_{jk-1}-d_{jk-1}\\ \dfrac{t-a_{jk-1}+d_{jk-1}}{2d_{jk-1}} & a_{jk-1}-d_{jk-1}\leqslant t\leqslant a_{jk-1}+d_{jk-1}\\ 1 & a_{jk-1}+d_{jk-1}<t<a_{jk}-d_{jk}\\ \dfrac{a_{jk}+d_{jk}-t}{2d_{jk}} & a_{jk}-d_{jk}\leqslant t\leqslant a_{jk}+d_{jk}\\ 0 & a_{jk}+d_{jk}<t\end{cases} \tag{9-3}$$

$$\mu_{xjn}(t)=\begin{cases}0 & t<a_{jn-1}-d_{jn-1}\\ \dfrac{t-a_{jn-1}+d_{jn-1}}{2d_{jn-1}} & a_{jn-1}-d_{jn-1}\leqslant t\leqslant a_{jn-1}+d_{jn-1}\\ 1 & t>a_{jn-1}+d_{jn-1}\end{cases}$$

（2）当 $a_{j0}>a_{j1}>\cdots>a_{jn}$ 时，建立单指标属性的测度函数 μ_{xjk}（t）如下：

$$\mu_{xj1}(t)=\begin{cases}0 & t<a_{j1}-d_{j1}\\ \dfrac{t-a_{j1}+d_{j1}}{2d_{j1}} & a_{j1}-d_{j1}\leqslant t\leqslant a_{j1}+d_{j1}\\ 1 & t>a_{j1}+d_{j1}\end{cases}$$

$$\mu_{xjk}(t)=\begin{cases}0 & t>a_{jk-1}-d_{jk-1}\\ \dfrac{a_{jk-1}+d_{jk-1}-t}{2d_{jk-1}} & a_{jk-1}-d_{jk-1}\leqslant t\leqslant a_{jk-1}+d_{jk-1}\\ 1 & a_{jk}+d_{jk}<t<a_{jk-1}-d_{jk-1}\\ \dfrac{t-a_{jk}+d_{jk}}{2d_{jk}} & a_{jk}-d_{jk}\leqslant t\leqslant a_{jk}+d_{jk}\\ 0 & t<a_{jk}-d_{jk}\end{cases} \tag{9-4}$$

$$\mu_{xjn}(t)=\begin{cases}0 & t<a_{jn-1}-d_{jn-1}\\ \dfrac{t-a_{jn-1}+d_{jn-1}}{2d_{jn-1}} & a_{jn-1}-d_{jn-1}\leqslant t\leqslant a_{jn-1}+d_{jn-1}\\ 1 & t>a_{jn-1}+d_{jn-1}\end{cases}$$

由构造的 μ_{xjk}（t）可知，对 x 第 j 个指标的任何取值 t，都有：

$$\mu_{xjk} \geqslant 0 \text{ 且} \sum_{k=1}^{n} \mu_{xjk} = 1 \tag{9-5}$$

说明 C_1，C_2，…，C_n 是空间 X 的模糊划分，对于固定的 I_j 和 k，属性 C_k 是空间 X 的正规模糊子集，它的隶属函数就是 μ_{xjk}（t）。

9.1.2 多指标属性的综合测度分析

对 X 中被识别对象 x 的各指标 I_j（$1 \leqslant j \leqslant m$），由单指标属性的测度分析可知其属性测度 μ_{xjk}（t）。现在的问题是如何由单指标 μ_{xjk} 综合集成为多指标 x 的属性测度 μ_{xk}，本部分采用加权求和的方法。即：

$$\mu_{xk} = \sum_{j=1}^{m} w_j \mu_{xjk}, \ 1 \leqslant k \leqslant n \tag{9-6}$$

其中，w_j 为第 j 个指标 I_j 的权重，反映第 j 个指标 I_j 对 x 的重要性，由专家确定。它满足：

$$w_j \geqslant 0 \text{ 且} \sum_{j=1}^{m} w_j = 1 \tag{9-7}$$

故有：$$\sum_{k=1}^{n} \mu_{xk} = \sum_{k=1}^{n} \sum_{j=1}^{m} w_j \mu_{xjk} = 1 \tag{9-8}$$

所以，μ_{xk} 为属性测度。

9.1.3 属性识别分析方法

属性识别分析的目的是由属性测度 μ_{xk}（$1 \leqslant k \leqslant n$），对 x 属于哪一个评价级别做出判断，这就需要给出判断准则。在小微企业网络融资风险状态的综合评价问题中，评价类（C_1，C_2，C_3，C_4，C_5）满足 $C_1 < C_2 < C_3 < C_4 < C_5$。若评价类（$C_1$，$C_2$，$C_3$，$C_4$，$C_5$）是属性空间 F 的分割，并且满足 $C_1 > C_2 > \cdots > C_n$ 或 $C_1 < C_2 < \cdots < C_n$，则称(C_1，C_2，…，C_n)是属性空间 F 的一个有序分割。本部分给出的评价级别具备有序性（风险程度由弱到强），故要识别 x 属于哪一类，可采用置信度准则。

置信度准则：评价级别 C_1，C_2，…，C_n 为有序的分割（$C_1 < C_2 < \cdots < C_n$，危机程度由弱到强），λ 为置信度（$0.5 \leqslant \lambda \leqslant 1$），如果：

$$k_0 = \min\left\{k \mid \sum_{l=1}^{k} \mu_{xl} \geqslant \lambda, \ 1 \leqslant k \leqslant n\right\}$$

或 $k_0 = n - \min\left\{k \mid \sum_{l=0}^{k} \mu_{x_{n-l}} \geqslant \lambda,\ 0 \leqslant k \leqslant n-1\right\}$ (9-9)

则认为 x 属于 C_{k0} 级别。本准则要求“强的”级别占比较大，一般置信度 λ 选择 0.6~0.7 的数据。

9.1.4 小微企业网络融资风险的静态、动态识别技术

小微企业网络融资风险的静态识别，关注企业发展过程中的某一时点可能产生的风险状态；其动态识别关注企业融资过程中，由于时间推移引起各种变化而可能产生的风险。

（1）小微企业网络融资风险的静态识别。对我国小微企业网络融资风险状态的静态识别，是指小微企业在融资过程中某一时点对企业风险状态进行初步识别。静态识别的作用在于企业发展过程中对某一时点的风险属性测度，并能及时对企业风险进行有效管理，防止企业风险的爆发。结合我国小微企业网络融资风险形成机制模型，对企业融资风险的静态识别就是对企业发展过程中企业外部环境和企业内部条件与企业融资风险管理目标之间的动态匹配性进行系统分析，明确可能的企业融资风险因素，利用小微企业网络融资风险属性识别方法进行具体的静态危机属性识别，确定 2017 年的风险程度等级，明确风险影响因素。

（2）小微企业网络融资风险的动态识别。小微企业网络融资风险的动态识别，是指在企业发展过程中对两个或多个时点企业融资的外部环境和内部条件的变化进行重点分析，明确可能的风险影响因素，在此基础上利用风险属性识别方法，进行具体的动态风险属性的识别，在具体识别过程中特别关注两个或多个时点之间企业外部环境和内部条件的变化特征，确定在企业发展到某时点时的融资风险状态，明确风险影响因素。企业融资风险的动态识别既要选取某个特定时点，对该时点的风险影响因素变化引起的风险因素进行识别，同时还要重点分析两个或多个时点的全过程所发生的变化，从而找出融资风险状态变动的可能趋势。

小微企业网络融资风险的静态与动态识别是对小微企业发展过程中的不同阶段进行风险程度的识别，是小微企业网络融资风险管理的重要一环。

9.2 小微企业网络融资风险的评估技术

从小微企业网络融资风险的形成机制分析中发现，我国小微企业外部环境和内部条件的不确定性、复杂性和多变性导致影响融资风险的要素不仅是多方位的，而且也是多层次的，很难准确获得不确定性引起各要素变化的实际数据信息和进行正确的预测，使利用大样本的统计规律和严密的数学建模研究风险问题几乎不可能，因此对小微企业网络融资风险的评估，只能依据专家意见集成方面的研究成果进行危机状态的评估研究。目前，国内外关于专家意见集成的研究主要有：群体效用理论、信息集结法、层次分析法、贝叶斯概率法和模糊综合评价法等。小微企业的融资本身就具有很强的模糊性和不确定性，故本部分采用模糊综合评价法与和谐性检验来研究小微企业网络融资风险的评估问题。小微企业网络融资风险的静态评估技术关注企业发展过程中的某一时点的企业整体融资风险状态的测量，和融资风险的静态识别关注点相同，依据小微企业融资外部环境和内部条件与企业风险管理目标之间的和谐性程度，揭示某一时点的融资风险状态。小微企业网络融资风险的动态评估用于小微企业发展过程中融资风险的状态，揭示小微企业发展到一定时期因企业外部环境和内部条件的变化引起要素间和谐性程度的变化。

9.2.1 小微企业网络融资风险的静态评估技术

小微企业网络融资风险源于企业的外部环境和内部条件要素之间的不平衡，表现为支撑条件与小微企业融资风险管理目标要素构成的和谐性问题。本部分首先探讨小微企业风险管理目标以及构成目标各要素的重要程度测算问题；其次探讨风险管理目标与企业外部环境和内部条件之间的和谐性检验以及企业融资风险的静态评估技术。

（1）小微企业网络融资风险管理目标构成要素及其重要性的赋值与测算技术。小微企业融资风险管理目标是企业风险管理要达到的目的和结果，企业外部环境和企业内部条件是企业风险管理目标能否实现的重要支撑条件。如果条件有利于目标的达成则企业就会持续健康发展，否则就会引发企业融资风险，阻碍企业发展甚至导致企业破产。支撑条件能否支持企业融资风险管理目标的实现是企业进行风险状态评估的关键，也就是企业风险管理目标与其支撑条件之间是否和谐的问题。如果条件与目标之间和谐程度较好，说明企业处于一种较为安全的状态；否则，小微企业存在潜在的融资风险。

1）企业融资风险管理目标界定。企业融资风险管理目标是企业风险管理的基本目标，是企业管理要达到的目的和结果，是企业风险管理的指导方针和归宿。具体可归结为以下三个方面：①尽可能避免企业融资风险的发生；②当风险来临时尽可能将风险转化为发展的机遇；③通过企业自身的努力尽量提高小微企业对外部环境的适应能力，提高自身内部条件以保持企业可持续发展。

2）企业风险管理目标构成要素的重要性赋值。避免融资风险发生、融资风险的机遇转化和保持小微企业可持续发展是构成企业融资风险管理目标的要素，它们在企业风险管理目标中的相对重要性直接影响着企业风险状态评估的效果。首先给出模糊综合定性评判与定量赋值的依据；其次给出建立在判断矩阵基础上重要程度的测算方法。小微企业网络融资风险管理目标构成要素权重确定，如表9-2所示。

$$A=\begin{pmatrix} 1.0000 & 2.2727 & 2.2727 \\ 0.4400 & 1.0000 & 0.7895 \\ 0.4400 & 1.2667 & 1.0000 \end{pmatrix}$$

表9-2　小微企业网络融资风险管理目标构成要素权重

因素	规避风险	风险转化	良性发展
权重（W）	0.5311	0.2160	0.2529

最大特征值 $\lambda_{max}=3.0062$，

进一步计算判断矩阵A的一致性指标及一致性比率：

一致性指标 $C.I.=\frac{\lambda_{max}-n}{n-1}=\frac{3.0062-3}{3-1}=0.0031$，

平均随机一致性指标的数值可以通过查表获得。

一致性比率 $C.R.=\frac{C.I.}{R.I.}=\frac{0.0031}{0.58}\approx 0.0053$，

当一致性比率 C. R. <0. 1 时，认为判断矩阵具有一致性，否则要重新进行判断并写出新的判断矩阵。本节中判断矩阵 A 的一致性比率 C. R. = 0. 0053<0. 1，达到了一致性要求，可以接受。

3）小微企业网络融资风险的前期表现征兆。我国小微企业网络融资风险的前期征兆，是指小微企业网络融资风险产生之前或刚刚产生时，企业所表现出来的某种特征。发现这种特征以后，企业管理团队就应该慎重研究引起企业融资风险的具体影响要素，评估企业融资风险的状态，防范可能产生的风险。本节在对我国小微企业网络融资风险形成机理研究的基础上，系统地分析了可能产生企业融资风险的因素。依据企业网络融资风险形成机理的分析，在此给出企业融资风险的前期征兆。

征兆一：外部环境不支持小微企业网络融资风险管理目标的实现。

任何企业都处在动态的不断变化的环境当中，企业外部环境是企业融资风险形成的重要影响要素，当企业外部环境变化影响到企业发展，进而不支持企业融资风险管理目标的实现，即环境与目标不能达到实时的动态平衡时，就会出现矛盾。企业融资风险管理所倡导的对外部环境要进行实时监控，体现了外部环境变化对企业影响的重要程度。因此，企业融资风险管理目标应当与企业外部环境保持匹配。然而，企业外部环境的变化具有不确定性，由此可能产生企业融资风险。当发现企业外部环境变化明显不支持企业融资风险管理目标时，则企业可能具有潜在的融资风险。

征兆二：内部条件不支持企业网络融资风险管理目标的实现。

企业内部条件是影响企业融资风险形成的关键要素，当企业内部条件与企业融资风险管理目标之间的矛盾性（不相容性）处于一定的阈值之内时，企业融资风险处于潜伏状态，当二者的不相容度大于这个阈值时，企业网络融资风险就会爆发，处于显化状态。因此，企业内部条件应当与企业网络融资风险管理目标保持匹配。但是由于企业内部管理及企业制度等方面出现管理的无效性和制度的缺陷性等问题，进而不支持企业网络融资风险管理目标的实现，则企业可能会产生网络融资风险。

征兆三：外部环境影响企业内部条件变化导致不支持企业网络融资风险管理目标的实现。

企业外部环境和企业内部条件是影响企业网络融资风险的两大重要影响要素，二者应当保持实时的匹配，内部条件应当适应于外部环境的变化。当在一个相同目标下的两个或多个条件之间相互冲突时，企业有可能产生融资风险。由于企业外部环境的变化具有不确定性和不可控性，会导致企业内部条件不适应企业外部环境的变化，造成条件与条件之间的冲突性，当企业外部环境与内部条件之间的矛盾性达到或超过一定范围时，就会不支持企业网络融资风险管理目标的实现，则企业可能会产生融资风险。

（2）小微企业网络融资风险管理目标与支撑条件的合理性赋值技术。企业网络融资风险管理目标的构成要素为：规避风险、风险转化、良性发展。如果小微企业外部环境和内部条件要素特别有利于小微企业网络融资风险管理目标的实现，在表 9-3 行与列的相应交叉处填写“0.9”；如果非常有利于网络融资风险管理目标的实现在表 9-3 行与列的交叉处填写“0.7”；如果有利于网络融资风险管理目标的实现在 9-3 行与列的交叉处填写“0.5”；如果不利于网络融资风险管理目标的实现在表 9-3 行与列的交叉处填写“0.3”；如果很不利于网络融资风险管理目标的实现在表 9-3 行与列的交叉处填写“0.1”。

表 9-3 企业网络融资风险管理目标与支撑条件和谐性的模糊评判表

网络融资风险管理目标构成 / 支撑条件	规避风险	风险转化	良性发展
外部融资环境			
企业内部条件			

注：①模糊诊断值越大，说明支撑条件越有利于企业网络融资风险管理目标的实现，企业的安全性越高。②模糊诊断值越小，说明企业网络融资风险管理目标与其支撑条件之间不和谐程度越高，企业潜伏的风险程度就越高。

（3）小微企业网络融资风险管理目标的和谐性检验技术。小微企业网络融资风险管理目标与支撑条件的和谐性检验是建立在企业网络融资风险管理目标合意性赋值以及企业网络融资风险管理各分目标权重定量测算的基础上的。设 f_i 表示企业网络融资风险管理的第 i 个目标元素（i=1 表示避免风险发生；i=2 表示风险机遇转化；i=3 表示保持企业持续发展）；x_j 为企业网络融资风险管理目标的支撑条件（j=1 表示企业外部环境；j=2 表示企业内部条件）；$f_i(x_j)$ 表示第 j 个支撑条件对应第 i 个目标元素的合意性模糊诊断值（i=1，2，3；j=1，2）；λ_i 表示第 i 个目标元素在企业网络融资风险管理目标中的相对重要程度（权重）。对我国小微企业网络融资风险管理目标构造如下指标集进行和谐性检验。

1）构造指标集。

$$I^{++}(i)=\{i \mid f_i(x_1)\geqslant 0.5;\ f_i(x_2)\geqslant 0.5\}$$

$$\begin{aligned}I^{+}(i)=&\{i \mid f_i(x_1)\geqslant 0.5;\ 0.5-f_i(x_2)<d\}\cup\\&\{i \mid 0.5-f_i(x_1)<d;\ f_i(x_2)\geqslant 0.5\}\end{aligned} \tag{9-10}$$

$$I^{-}(i)=\{i \mid i\notin I^{++};\ i\notin I^{+}\}$$

其中，0.5 是企业网络融资风险管理目标要素有利于支撑条件要素作用发挥的合理性诊断值；d_i（$d_i>0$）是企业网络融资风险管理第 i 个目标要素合理性诊断值达不到 0.5 的允许取值范围（i=1，2）或称为阈值。

2）计算和谐性指标。

$$I=\sum_{j\in I^{++}(i)}\lambda_j+\sum_{j\in I^{+}(I)}\lambda_j$$

$$\hat{I}=\begin{cases}\dfrac{\sum\limits_{j\in I^{++}(i)}\lambda_j}{\sum\limits_{j\in I^{-}(i)}\lambda_j} & \text{当 } I^{-}(i)\neq\Phi\\ \infty & \text{当 } I^{-}(i)=\Phi\end{cases} \tag{9-11}$$

3）和谐性检验。选择和谐性阈值 a（$0\leqslant a\leqslant 1$），如果 $I\geqslant a$ 且 $\hat{I}\geqslant 1$，则称企业网络融资风险管理目标与其支撑条件之间通过了和谐性检验。

这里需要说明，和谐性阈值 a 和 d_i 的选取将对企业网络融资风险管理目标与其支撑条件之间的和谐性检验产生巨大的影响，其中，随着 a 值的增加和 d_i 值的减小，和谐性检验通过的难度提高（条件变强）可能性大大减小。

本部分依据和谐性检验给出的和谐性阈值，测算企业网络融资风险的 VaR 值，具体测量公式如下：

$$\mathrm{VaR}=\frac{1-a}{a} \tag{9-12}$$

其中，a 为和谐性检验阈值，a 取值越大企业危机值就越小，在对企业危机状态进行预测前，必须首先对企业危机管理目标与其支撑条件进行和谐性检验，求出和谐性阈值 a，然后代入 VaR 公式进行危机状态测算。

9.2.2 小微企业网络融资风险的动态评估技术

我国小微企业在其发展的过程中，企业外部环境和内部条件都在发生变化，本节运用西安交通大学席西民教授倡导的环境依赖、问题导向的研究思路，探讨企业外部环境和内部条件变化到时点 t 时，它对企业网络融资风险管理目标的影响机制和程度（见图 9-1），在此基础上重新进行和谐性检验，并在变化的某时点 t 时利用企业网络融资风险的静态评估技术，重新测算企业网络融资风险的取值，并得到企业网络融资风险程度变化的趋势。

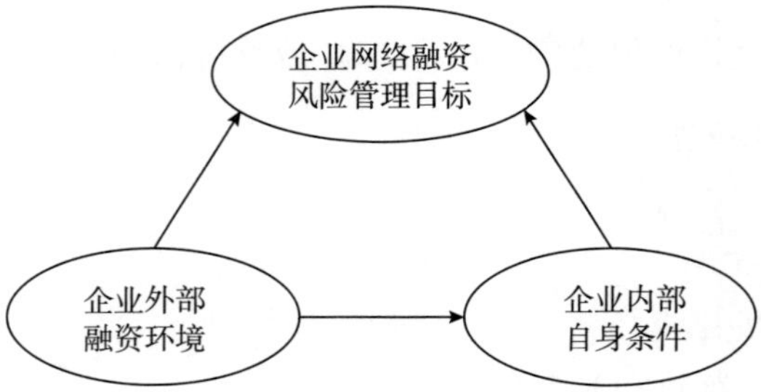

图 9-1　企业网络融资风险管理目标与支撑条件和谐性检验模型

（1）小微企业网络融资风险管理目标支撑要素变化的动态赋值技术。支撑小微企业网络融资风险管理目标构成要素变化的赋值技术，就是借助图 9-1 的影响机理，利用模糊综合评判对其变化程度进行赋值的技术。首先考察外部环境变化对企业内部条件引发被动变化的程度，并依据表 9-4 的赋值原则对其引发的被动变化程度进行赋值；其次考察企业外部环境、企业内部条件自身变化到某几个时点 t 时，引发企业网络融资风险管理目标实现的具体变化程度，并依据表 9-5 的赋值原则对其主动（自发）变化程度进行赋值。

表 9-4　企业网络融资外部环境变化对企业内部条件引发被动变化的赋值情况

影响要素	被动有利变化值			被动不利变化值			无变化值
	更有利	很有利	有利	更不利	很不利	不利	
内部条件	0.9	0.5	0.1	-0.9	-0.5	-0.1	0

注：①企业外部融资环境变化对企业内部条件引发的被动变化赋值越大，说明外部融资环境变化越有利于企业内部条件的发挥，根据客观被动变化值的评判结果可在 0.1~0.9 插值。②企业外部融资环境变化对企业内部条件引发的被动变化赋值越大，说明外部融资环境变化不利于企业内部条件的程度越低，具体的评判结果可在-0.9~-0.1 插值。

表 9-5　外部环境、内部条件为风险管理目标实现而进行的主动变化赋值情况

主动变化 变化要素	企业网络融资风险管理目标 实现主动有利变化值			企业网络融资风险管理目标 实现主动不利变化值			无变化值
	更有利	很有利	有利	更不利	很不利	不利	
融资环境 自发变化	0.9	0.5	0.1	0.9	-0.5	-0.1	0
内部条件 自发变化	0.9	0.5	0.1	-0.9	-0.5	-0.1	0

注：①根据客观主动（自发）变化值的程度，可在±0.1~±0.9 插值。②赋值的参照系是企业最初进行静态危机识别时的年份的外部融资环境和内部条件与此时刻相同指标情况的对比值，扣除被动变化值的影响。

（2）小微企业网络融资风险管理目标合理性的动态赋值。小微企业网络融资风险管理目标的动态赋值技术，就是要探索小微企业发展到某几个时点 t 时刻的过程中，企业外部融资环境和内部条件相对于最初时点的相同指标已发生的变化（主动+被动变化），对企业网络融资风险管理目标将影响科学赋值技术。本节根据表 9-4 和表 9-5 的赋值情况针对企业外部融资环境和内部条件产生的主动和被动变化值，将在多大程度上对企业网络融资风险管理目标避免风险发生、风险机遇转化、保持企业可持续发展的合理性产生有利和不利的情况进行总结。具体集结应遵循以下原则：①把外部融资环境和内部条件的变化值（主动+被动）进行重新分类，一类变化值有利于提高企业网络融资风险管理目标构成要素的合理性；另一类变化值不利于企业网络融资风险管理目标构成要素的合理性。②企业网络融资风险是对企业造成最不和谐情况有可能造成损失的估计值或最不和谐情况的估计。依据企业网络融资风险管理的关注点，本书分析企业外部融资环境和内部条件的变化值不利于企业网络融资风险管理目标的变化情况，在此基础上根据分析判断给出合理性的修正值。③以最初选定时点时外部融资环境、内部条件对企业网络融资风险管理目标要素避免风险发生、风险机遇转化、保持企业持续发展的合理性进行赋值，同时结合②的分析获得合理性的修正值，重新依据表9-3的赋值原则并对时刻t的情况进行赋值。

（3）小微企业网络融资风险的动态和谐性检验与危机程度VaR测算技术。避免风险发生、风险机遇转化、保持企业持续发展是构成企业网络融资风险管理目标的分目标，它们在企业危机管理目标中的相对重要性直接影响着危机管理目标的变化方向，本节借助企业网络融资风险静态评估中指标权重的测算方法来测算动态时的权重值。企业危机的动态和谐性检验是建立在企业网络融资风险的动态和理性赋值以及企业管理动态分目标权重测算的基础上的，本节借助企业网络融资风险静态评估中目标与条件的和谐性检验方法来检验二者动态的和谐性。依据动态和谐性检验给出的和谐性检验阈值a，测算企业网络融资风险的VaR值，具体测算公式为：

$$VaR=\frac{1-a}{a} \tag{9-13}$$

其中，a为和谐性检验阈值，a取值越大则企业危机的动态评估值就越小。应注意：对企业网络融资风险进行动态测算前，必须先对企业网络融资风险管理目标与条件进行和谐性检验，求出和谐性阈值a，然后代入VaR公式进行危机程度的动态测算。

9.3 小微企业网络融资风险的专家诊断技术

利用小微企业网络融资风险的静态评估技术，可以获得企业某时刻(t_0)危机状态评估值VaR(t_0)，并且，危机状态评价值VaR(t_0)处于一种安全状态。同样，利用小微企业网络融资风险的动态评估技术，可以获得企业发展到t时刻企业网络融资风险的评估值VaR(t)。如果$VaR(t)\leq VaR(t_0)$，说明企业处于正常的发展状态，没有潜在网络融资风险的发生。如果 $VaR(t) > VaR(t_0)$，则说明企业在发展的过程中外部融资环境、内部条件相互之间的和谐性下降了，也就是企业外部融资环境和内部条件对企业网络融资风险管理目标的支撑能力，以及外部环境、内部条件的合理性发生了不良变动，这就需要提醒决策者对这种不和谐性及时做出诊断，以发现是由于哪些因素发生变化导致企业网络融资风险程度的增强。本节采用专家定性判断与定量赋值相结合的方法诊断小微企业网络融资风险因素。

利用模糊综合定性判断和 AHP 定量赋值相结合的方法，确定影响企业网络融资风险管理目标实现的各构成要素，以及各构成要素影响企业网络融资风险程度的权重。采用模糊定性判断并进行定量赋值需要多位专家，对影响企业网络融资风险管理目标实现的各要素给出模糊评语与评分，并计算各因素的模糊评价值来诊断、确定其网络融资风险程度的隶属度。

10　小微企业网络融资风险识别、评估与诊断结果分析

10.1　小微企业网络融资风险状态识别分析

当小微企业网络融资风险征兆出现之后，需要进一步探讨该征兆所代表的风险状态，以及多个风险征兆同时出现时的风险状态。本部分根据小微企业网络融资风险识别技术（详见第9章），对小微企业2016年的网络融资风险状态进行识别，以得出小微企业2016年网络融资风险程度大小的初步结论。

（1）选取10位专家组成企业网络融资风险管理小组，其中外部风险管理专家2人，是指对小微企业网络融资风险颇有研究的专家、学者，企业高层管理人员5人，企业融资管理人员3人（见图10-1）。

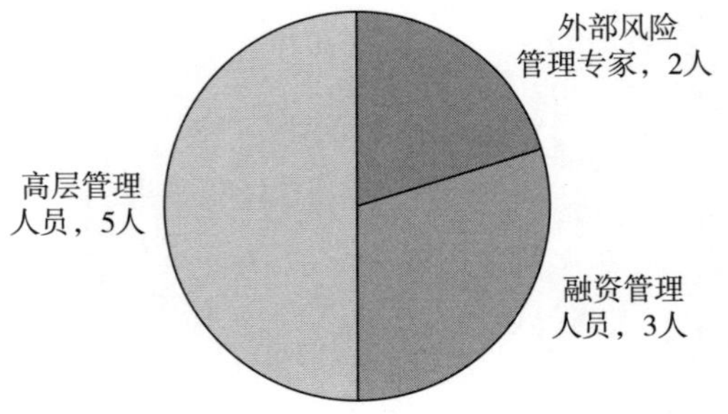

图10-1　专家小组构成

（2）按照构造单指标属性测度函数，用以计算 I_j（j=1，2，…，n）的指标值。

下面列出各指标的相应等级的测度函数。

$$\mu_{xi1}(t)=\begin{cases}1 & t>0.95\\ \dfrac{t-0.85}{0.1} & 0.85\leqslant t\leqslant 0.95\\ 0 & t<0.85\end{cases}\qquad \mu_{xi2}(t)=\begin{cases}0 & t>0.95\\ \dfrac{0.95-t}{0.1} & 0.85\leqslant t\leqslant 0.95\\ \dfrac{t-0.75}{0.1} & 0.75\leqslant t\leqslant 0.85\\ 0 & t<0.75\end{cases}$$

$$\mu_{xi3}(t)=\begin{cases}0 & t>0.85\\ \dfrac{0.85-t}{0.1} & 0.75\leqslant t\leqslant 0.85\\ \dfrac{t-0.65}{0.1} & 0.65\leqslant t\leqslant 0.75\\ 0 & t<0.65\end{cases}\qquad \mu_{xi4}(t)=\begin{cases}0 & t>0.75\\ \dfrac{0.75-t}{0.1} & 0.65\leqslant t\leqslant 0.75\\ \dfrac{t-0.4}{0.2} & 0.4\leqslant t\leqslant 0.65\\ 0 & t<0.4\end{cases}$$

$$\mu_{xi5}(t)=\begin{cases}1 & t<0.4\\ \dfrac{0.6-t}{0.2} & 0.4\leqslant t\leqslant 0.6\\ 0 & t>0.6\end{cases}\qquad (i=1，3，19，22，39，40，41，42)$$

$$\mu_{xi1}(t)=\begin{cases}1 & t>0.95\\ \dfrac{t-0.85}{0.1} & 0.85\leqslant t\leqslant 0.95\\ 0 & t<0.85\end{cases}\qquad \mu_{xi2}(t)=\begin{cases}0 & t>0.95\\ \dfrac{0.95-t}{0.1} & 0.85\leqslant t\leqslant 0.95\\ \dfrac{t-0.75}{0.1} & 0.75\leqslant t\leqslant 0.85\\ 0 & t<0.75\end{cases}$$

$$\mu_{xi3}(t)=\begin{cases}0 & t>0.85\\ \dfrac{0.85-t}{0.1} & 0.75\leqslant t\leqslant 0.85\\ 1 & 0.7\leqslant t\leqslant 0.75\\ \dfrac{t-0.5}{0.2} & 0.5\leqslant t\leqslant 0.7\\ 0 & t<0.5\end{cases}\qquad \mu_{xi4}(t)=\begin{cases}0 & t>0.7\\ \dfrac{0.7-t}{0.2} & 0.5\leqslant t\leqslant 0.7\\ \dfrac{t-0.3}{0.2} & 0.3\leqslant t\leqslant 0.5\\ 0 & t<0.3\end{cases}$$

$$\mu_{xi5}(t)=\begin{cases}1 & t<0.3\\ \dfrac{0.5-t}{0.2} & 0.3\leqslant t\leqslant 0.5\\ 0 & t>0.5\end{cases}\qquad (i=2,\ 4,\ 5,\ 15,\ 20,\ 45)$$

$$\mu_{x61}(t)=\begin{cases}1 & t>0.4\\ \dfrac{t-0.2}{0.2} & 0.2\leqslant t\leqslant 0.4\\ 0 & t<0.2\end{cases}\qquad \mu_{x62}(t)=\begin{cases}0 & t>0.4\\ \dfrac{0.4-t}{0.2} & 0.2\leqslant t\leqslant 0.4\\ 1 & 0.135\leqslant t\leqslant 0.2\\ \dfrac{t-0.065}{0.07} & 0.065\leqslant t\leqslant 0.135\\ 0 & t<0.065\end{cases}$$

$$\mu_{x63}(t)=\begin{cases}0 & t>0.135\\ \dfrac{0.135-t}{0.07} & 0.065\leqslant t\leqslant 0.135\\ 1 & 0.04\leqslant t\leqslant 0.065\\ \dfrac{t-0.02}{0.02} & 0.02\leqslant t\leqslant 0.04\\ 0 & t<0.02\end{cases}\qquad \mu_{x64}(t)=\begin{cases}0 & t>0.04\\ \dfrac{0.7-t}{0.02} & 0.02\leqslant t\leqslant 0.04\\ \dfrac{t}{0.02} & 0\leqslant t\leqslant 0.02\\ 0 & t<0\end{cases}$$

$$\mu_{x65}(t)=\begin{cases}1 & t<0\\ \dfrac{0.5-t}{0.2} & 0\leqslant t\leqslant 0.02\\ 0 & t>0.02\end{cases}$$

$$\mu_{xi1}(t)=\begin{cases}1 & t>0.5\\ \dfrac{t-0.3}{0.2} & 0.3\leqslant t\leqslant 0.5\\ 0 & t<0.3\end{cases}\qquad \mu_{xi2}(t)=\begin{cases}0 & t>0.5\\ \dfrac{0.5-t}{0.2} & 0.3\leqslant t\leqslant 0.5\\ 1 & 0.25\leqslant t\leqslant 0.3\\ \dfrac{t-0.15}{0.1} & 0.15\leqslant t\leqslant 0.25\\ 0 & t<0.15\end{cases}$$

$$\mu_{xi3}(t)=\begin{cases}0 & t>0.25\\ \dfrac{0.25-t}{0.1} & 0.15\leqslant t\leqslant 0.25\\ 1 & 0.125\leqslant t\leqslant 0.15\\ \dfrac{t-0.075}{0.05} & 0.075\leqslant t\leqslant 0.125\\ 0 & t<0.075\end{cases}\qquad \mu_{xi4}(t)=\begin{cases}0 & t>0.125\\ \dfrac{0.125-t}{0.05} & 0.075\leqslant t\leqslant 0.125\\ \dfrac{t-0.025}{0.05} & 0.025\leqslant t\leqslant 0.075\\ 0 & t<0\end{cases}$$

$$\mu_{xi5}(t)=\begin{cases}1 & t<0.025\\ \dfrac{0.075-t}{0.05} & 0.025\leqslant t\leqslant 0.075\\ 0 & t>0.075\end{cases}\qquad (i=7,\ 8,\ 26)$$

$$\mu_{x91}(t)=\begin{cases}1 & t<0.005\\ \dfrac{0.015-t}{0.01} & 0.005\leqslant t\leqslant 0.015\\ 0 & t>0.015\end{cases}\qquad \mu_{x92}(t)=\begin{cases}0 & t<0.005\\ \dfrac{t-0.005}{0.01} & 0.005\leqslant t\leqslant 0.015\\ \dfrac{0.025-t}{0.01} & 0.015<t\leqslant 0.025\\ 0 & t>0.025\end{cases}$$

$$\mu_{x93}(t)=\begin{cases}0 & t<0.015\\ \dfrac{t-0.015}{0.01} & 0.015\leqslant t\leqslant 0.025\\ \dfrac{0.035-t}{0.01} & 0.025\leqslant t\leqslant 0.035\\ 0 & t>0.035\end{cases}\qquad \mu_{x94}(t)=\begin{cases}0 & t<0.025\\ \dfrac{t-0.025}{0.01} & 0.025\leqslant t\leqslant 0.035\\ 1 & 0.035<t<0.04\\ \dfrac{0.06-t}{0.02} & 0.04\leqslant t\leqslant 0.06\\ 0 & t>0.06\end{cases}$$

$$\mu_{x95}(t)=\begin{cases}0 & t<0.04\\ \dfrac{t-0.04}{0.02} & 0.04\leqslant t\leqslant 0.06\\ 1 & t>0.06\end{cases}$$

$$\mu_{xi1}(t)=\begin{cases}0 & t<0.5\\ \dfrac{t-0.5}{0.2} & 0.5\leqslant t\leqslant 0.7\\ 1 & t>0.7\end{cases}\qquad \mu_{xi2}(t)=\begin{cases}0 & t>0.7\\ \dfrac{0.7-t}{0.2} & 0.5\leqslant t\leqslant 0.7\\ \dfrac{t-0.3}{0.2} & 0.3\leqslant t\leqslant 0.5\\ 0 & t<0.3\end{cases}$$

$$\mu_{xi3}(t)=\begin{cases}0 & t>0.5\\ \dfrac{0.5-t}{0.2} & 0.3\leqslant t\leqslant 0.5\\ 1 & 0.25\leqslant t\leqslant 0.3\\ \dfrac{t-0.15}{0.1} & 0.15\leqslant t\leqslant 0.25\\ 0 & t<0.15\end{cases}\qquad \mu_{xi4}(t)=\begin{cases}0 & t>0.25\\ \dfrac{0.25-t}{0.1} & 0.15\leqslant t\leqslant 0.25\\ \dfrac{t-0.05}{0.1} & 0.05\leqslant t\leqslant 0.15\\ 0 & t<0.05\end{cases}$$

$$\mu_{xi5}(t)=\begin{cases}1 & t<0.05\\ \dfrac{0.15-t}{0.1} & 0.05\leqslant t\leqslant 0.15\\ 0 & t>0.15\end{cases}\quad (i=10,\ 12,\ 30,\ 31,\ 32,\ 33,\ 34,\ 35,\ 36)$$

$$\mu_{xi1}(t)=\begin{cases}0 & t<0.7\\ \dfrac{t-0.7}{0.2} & 0.7\leqslant t\leqslant 0.9\\ 1 & t>0.9\end{cases}\qquad \mu_{xi2}(t)=\begin{cases}0 & t>0.9\\ \dfrac{0.9-t}{0.2} & 0.7\leqslant t\leqslant 0.9\\ \dfrac{t-0.5}{0.2} & 0.5\leqslant t\leqslant 0.7\\ 0 & t<0.5\end{cases}$$

$$\mu_{xi3}(t)=\begin{cases}0 & t>0.7\\ \dfrac{0.7-t}{0.2} & 0.5\leqslant t\leqslant 0.7\\ \dfrac{t-0.3}{0.2} & 0.3\leqslant t\leqslant 0.5\\ 0 & t<0.3\end{cases}\qquad \mu_{xi4}(t)=\begin{cases}0 & t>0.5\\ \dfrac{0.5-t}{0.2} & 0.3\leqslant t\leqslant 0.5\\ \dfrac{t-0.1}{0.2} & 0.1\leqslant t\leqslant 0.3\\ 0 & t<0.1\end{cases}$$

$$\mu_{xi5}(t)=\begin{cases}1 & t<0.1\\ \dfrac{0.3-t}{0.2} & 0.1\leqslant t\leqslant 0.3\\ 0 & t>0.3\end{cases}\qquad (i=11,\ 16,\ 23,\ 25,\ 28,\ 29,\ 38)$$

$$\mu_{xi1}(t)=\begin{cases}1 & t<0.05\\ \dfrac{0.15-t}{0.1} & 0.05\leqslant t\leqslant 0.15\\ 0 & t>0.15\end{cases}\qquad \mu_{xi2}(t)=\begin{cases}0 & t<0.05\\ \dfrac{t-0.05}{0.1} & 0.05\leqslant t\leqslant 0.15\\ 1 & 0.15<t<0.2\\ \dfrac{0.4-t}{0.2} & 0.2\leqslant t\leqslant 0.4\\ 0 & t>0.4\end{cases}$$

$$\mu_{xi3}(t)=\begin{cases}0 & t<0.2\\ \dfrac{t-0.2}{0.2} & 0.2\leqslant t\leqslant 0.4\\ \dfrac{0.6-t}{0.2} & 0.4\leqslant t\leqslant 0.6\\ 0 & t>0.6\end{cases}\qquad \mu_{xi4}(t)=\begin{cases}0 & t<0.4\\ \dfrac{t-0.4}{0.2} & 0.4\leqslant t\leqslant 0.6\\ 1 & 0.6<t<0.7\\ \dfrac{0.9-t}{0.2} & 0.7\leqslant t\leqslant 0.9\\ 0 & t>0.9\end{cases}$$

$$\mu_{xi5}(t)=\begin{cases}0 & t<0.7\\ \dfrac{t-0.7}{0.2} & 0.7\leqslant t\leqslant 0.9\\ 1 & t>0.9\end{cases}\qquad (i=13,\ 14,\ 37,\ 43,\ 44)$$

$$\mu_{xi1}(t)=\begin{cases}0 & t<0.4\\ \dfrac{t-0.4}{0.2} & 0.4\leqslant t\leqslant 0.6\\ 1 & t>0.6\end{cases}\qquad \mu_{xi2}(t)=\begin{cases}0 & t>0.6\\ \dfrac{0.6-t}{0.2} & 0.4\leqslant t\leqslant 0.6\\ 1 & 0.35\leqslant t\leqslant 0.4\\ \dfrac{t-0.25}{0.1} & 0.25\leqslant t\leqslant 0.35\\ 0 & t<0.25\end{cases}$$

$$\mu_{xi3}(t)=\begin{cases}0 & t>0.35\\ \dfrac{0.35-t}{0.1} & 0.25\leqslant t\leqslant 0.35\\ \dfrac{t-0.15}{0.1} & 0.15\leqslant t\leqslant 0.25\\ 0 & t<0.15\end{cases}\qquad \mu_{xi4}(t)=\begin{cases}0 & t>0.25\\ \dfrac{0.25-t}{0.1} & 0.15\leqslant t\leqslant 0.25\\ \dfrac{t-0.05}{0.1} & 0.05\leqslant t\leqslant 0.15\\ 0 & t<0.05\end{cases}$$

$$\mu_{xi5}(t)=\begin{cases}1 & t<0.05\\ \dfrac{0.15-t}{0.1} & 0.05\leqslant t\leqslant 0.15\\ 0 & t>0.15\end{cases}\qquad (i=17,\ 21,\ 27)$$

$$\mu_{xi1}(t)=\begin{cases}1 & t<0.005\\ \dfrac{0.015-t}{0.01} & 0.005\leqslant t\leqslant 0.015\\ 0 & t>0.015\end{cases}\qquad \mu_{xi2}(t)=\begin{cases}0 & t<0.005\\ \dfrac{t-0.005}{0.01} & 0.005\leqslant t\leqslant 0.015\\ 1 & 0.015\leqslant t\leqslant 0.03\\ \dfrac{0.07-t}{0.04} & 0.03\leqslant t\leqslant 0.07\\ 0 & t>0.07\end{cases}$$

$$\mu_{xi3}(t)=\begin{cases}0 & t<0.03\\ \dfrac{t-0.03}{0.04} & 0.03\leqslant t\leqslant 0.07\\ 1 & 0.07\leqslant t\leqslant 0.075\\ \dfrac{0.125-t}{0.05} & 0.075\leqslant t\leqslant 0.125\\ 0 & t>0.125\end{cases}\qquad \mu_{xi4}(t)=\begin{cases}0 & t<0.075\\ \dfrac{t-0.075}{0.05} & 0.075\leqslant t\leqslant 0.125\\ 1 & 0.125\leqslant t\leqslant 0.2\\ \dfrac{0.4-t}{0.2} & 0.2\leqslant t\leqslant 0.4\\ 0 & t>0.4\end{cases}$$

$$\mu_{xi5}(t)=\begin{cases}0 & t<0.2\\ \dfrac{t-0.2}{0.2} & 0.2\leqslant t\leqslant 0.4\\ 1 & t>0.4\end{cases}\qquad (i=18,\ 24)$$

（3）请专家小组以小微企业网络融资 2016 年的具体情况为依据，给各指标的危机状态 t_j 进行赋值，按照构造的单指标属性测度函数进行计算，其结果如表 10-1 所示。

表 10-1 指标评价体系各指标综合赋值

t_j	μ_{xj1}	μ_{xj2}	μ_{xj3}	μ_{xj4}	μ_{xj5}	W_j
0.60	0	0	0	1	0	0.0254
0.75	0	0	1	0	0	0.0144
0.45	0	0	0	0.25	0.75	0.0475
0.70	0	0	1	0	0	0.0160
0.25	0	0	0	0	1	0.0269
0.08	0	0.2143	0.7857	0	0	0.0175
0.15	0	0	1	0	0	0.0222
0.03	0	0	0	0.1	0.9	0.0260
0.02	0	0.5	0.5	0	0	0.0123
0.08	0	0	0	0.3	0.7	0.0366
0.30	0	0	0	1	0	0.0263
0.06	0	0	0	1	0	0.0671
0.10	0.5	0.5	0	0	0	0.0115
0.25	0	0.75	0.25	0	0	0.0253
0.85	0	1	0	0	0	0.0129
0.40	0	0	0.5	0.5	0	0.0139
0.10	0	0	0	0.5	0.5	0.0152
0.08	0	0	0.9	0.1	0	0.0429
0.30	0	0	0	0	1	0.0230

（4）多指标综合属性的测度，其结果如下：

$\mu_{x1}=0.0249\quad \mu_{x2}=0.0793\quad \mu_{x3}=0.1901\quad \mu_{x4}=0.3142\quad \mu_{x5}=0.3915$

（5）属性识别分析，这里取置信度 λ 为 0.60，可得 $k_0=4$。由此可以得出结论：我国小微企业网络融资风险 2016 年的融资风险状态为“较高风险”，应当引起管理者高度重视。

10.2 小微企业网络融资风险状态静态、动态评估分析

小微企业网络融资风险来源于企业外部融资环境和内部条件之间的动态不平衡。其中企业融资风险管理目标是企业进行管理所要达到的目的和结果，其风险的程度可用企业外部融资环境和内部条件两个方面对企业融资风险管理目标的支撑能力来衡量。按照小微企业网络融资风险的静态、动态评估技术考察小微企业网络融资 2016~2020 年风险状态的变化趋势。我们首先对小微企业 2016 年这个时点上的融资风险状态做静态评估，然后对 2020 年的企业外部融资环境和内部条件的变化对融资风险状态的影响进行动态评估，然后分别评估出 2017 年、2018 年和 2019 年的风险等级状态，找出小微企业网络融资风险变化趋势，得出初步结论。

10.2.1 小微企业网络融资风险静态评估

（1）请 10 位专家分别根据公司 2016 年小微企业外部融资环境和内部条件状况对当年的企业风险管理目标的支撑能力打分，打分表格如表 10-1 所示，赋值规则如表 10-2 所示，这里不进行重复。各位专家独立打分，不进行讨论，按照专家要求提供所需要的资料和信息。将各位专家的赋值结果汇总并计算出各项均值，得到专家赋值结果如表 10-3 所示。

表 10-2 专家赋值表

风险管理目标构成 / 支撑条件	规避风险 0.5311	风险转化 0.2160	良性发展 0.2529
企业外部融资环境			
企业内部条件			

表 10-3 专家赋值结果汇总表（2001 年）

风险管理目标构成 / 支撑条件	规避风险 0.5311	风险转化 0.2160	良性发展 0.2529
企业外部融资环境	0.65	0.71	0.68
企业内部条件	0.76	0.81	0.74

（2）根据表 10-3 所示数据，对小微企业网络融资风险进行和谐性检验，结果如表 10-4 所示。即小微企业网络融资风险 2016 年能够通过和谐性检验。

表 10-4 2016 年小微企业融资风险和谐性检验结果

年份	I^{++}（i）	I^{+}（i）	I^{-}（i）	I	$\hat{I}$	结论
2016	1，2，3	Φ	Φ	1	∞	通过和谐性检验

（3）计算网络融资风险状态值。根据上述计算，a 的最大值取 1，则小微企业 2016 年的网络融资风险状态最小值为：

$$VaR_{2000}=\frac{1-a}{a}=\frac{1-1}{1}=0$$

也就是说，小微企业网络融资风险 2016 年潜在的企业风险状态值很低，基本属于无风险状态，几乎为零。

10.2.2 小微企业网络融资风险动态评估

随着企业外部融资环境和企业内部条件的变化，小微企业的网络融资风险状态也在不断发生变化，所以需要进一步对企业发展过程中的企业网络融资风险状态进行动态评估。按照第 9 章提出的小微企业网络融资风险动态评估技术，由于小微企业网络融资风险在 2016 年的风险状态属于安全状态，故本节选取 2016 年为企业发展过程中的标准时点，来分别考察企业 2017 年、2018 年、2019 年和 2020 年融资风险状态的动态变化情况。

企业融资风险管理专家小组的 10 位专家分别对小微企业 2017~2020 年来发生的变化进行了分析，对以下几个方面进行赋值，赋值规则详见第 10.2.1 节。

（1）企业外部融资环境的主动变化。

（2）企业内部条件的主动变化。

（3）由于企业外部融资环境变化引发的企业内部条件的被动变化。

将各位专家对2020年的赋值结果汇总并求出均值，结构如表10-5所示。

表10-5　专家赋值结果汇总均值

名称	被动变化值	主动变化值	总变化值（被动+主动）
外部环境	—	-0.76	-0.76
内部条件	-0.78	-0.91	-1.69

其中，总变化值的含义是企业外部融资环境、内部条件各自的变化对企业网络融资风险管理目标总的影响。请专家对总变化值进行分解，即考察在总变化值中，对企业网络融资风险管理目标构成要素分别有多大影响（见表10-6）。

表10-6　专家赋值结果汇总

风险管理目标构成 支撑条件	规避风险 0.5311			风险转化 0.2060			良性发展 0.2629		
	2016	变化值	2020	2016	变化值	2020	2016	变化值	2020
外部融资环境	0.65	-0.33	0.71	0.71	-0.16	0.55	0.68	-0.27	0.41
内部条件	0.76	-0.57	0.19	0.81	-0.63	0.18	0.74	-0.49	0.25

最后对我国小微企业2020年的企业网络融资风险管理目标进行和谐性检验（见表10-7），并计算出小微网络融资风险状态值。根据上述计算，a的最大值取0.2160，则小微企业网络融资风险2020年的企业风险状态最小值为：

$$VaR_{2020}=\frac{1-a}{a}=\frac{1-0.2160}{0.2160}\approx 3.6296$$

表10-7　2020年企业和谐性检验结果

年份	I^{++}（i）	I^{+}（i）	I^{-}（i）	I	$\hat{I}$	结论
2020	Φ	2	1，3	0.2160	0	未通过和谐性检验

也就是说，小微企业在 2020 年的网络融资风险状态较高，最小风险状态值为 3. 6296。同理可得：

$$VaR_{2017}=\frac{1-0.784}{0.784}\approx 0.2755$$

$$VaR_{2018}=\frac{1-0.4689}{0.4689}\approx 1.1327$$

$$VaR_{2019}=\frac{1-0.7471}{0.7471}\approx 0.3385$$

小微企业 2016~2020 年网络融资风险状态变化趋势如图 10-2 所示。

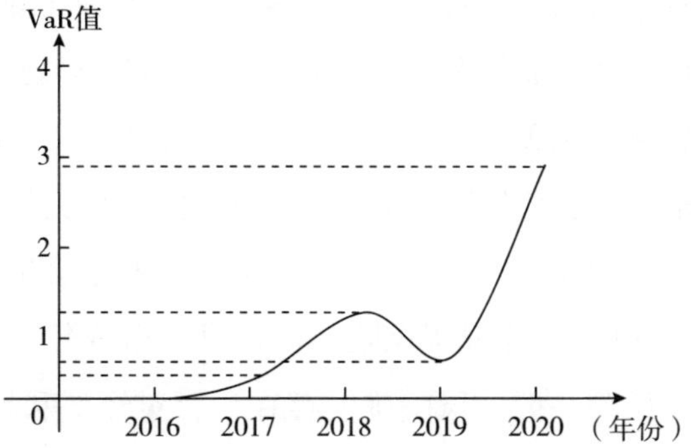

图 10-2　小微企业 2016~2020 年网络融资风险状态变化趋势

10. 2. 3　小微企业网络融资风险状态评估的比较分析

通过对小微企业网络融资风险的静态、动态评估发现，企业在 2016~2020 年的发展过程中，由于企业外部融资环境和内部条件的变化，使小微企业的网络融资风险状态存在明显增大的趋势。特别是 2020 年，小微企业所处的外部融资环境和内部条件对企业风险管理目标的支撑能力与 2016 年相比明显不足。2020 年小微企业融资风险未通过和谐性检验，VaR 的最小值为 3. 6296。而 2016 年顺利通过和谐性检验，且 I 值达到了 1，VaR 的最小值为 0，说明当时的风险程度较低，基本处于安全状态。上述研究表明，通过对小微企业的模糊属性综合评价可以发现在 2020 年处于“高度风险状态”，通过对小微企业网络融资风险 2016~

2020年的动态评估，小微企业网络融资潜在风险状态有不断增大的趋势，小微企业应当重新考虑外部融资环境和内部条件对企业风险管理目标的支撑能力，找出企业融资风险状态趋势增加的原因，并采取相应的措施进行规避、防范企业融资的发生。

10.3 小微企业网络融资风险模糊综合诊断结果分析

根据小微企业网络融资风险评价指标体系，确定一级指标为贷款方风险、借款方风险、网络融资平台风险、政策法律环境风险、行业市场环境风险。综合考虑科技型小微企业网络融资属性和专家建议，将评语集 V 划分成五个风险等级：很高、高、一般、较低、很低，记为 $V(v_1, v_2, \cdots, v_n)$ = {很高、较高、一般、较低、很低}。根据专家建议及评语集的划分将建立评分集 U=（40，60，80，90，100）。评分低于 40 分表明风险很高，表示一旦发生会造成严重的经济损失或社会影响；评分在 40~60 分表明风险较高，可能造成较大的经济损失或社会影响；60~80 分表示风险一般，风险确实存在，会对经济和社会产生一定影响；80~90 分表明风险较低，风险造成的影响程度较低；90~100 分表明风险很低，风险造成的损失很小，容易弥补。

（1）确定网络融资风险一级评价指标权重 W 与隶属度矩阵 R。运用层次分析法已经计算得到一级指标层权向量为 W=（0.2881，0.2559，0.1171，0.2666，0.0723），由于目前关于科技型小微企业网络融资风险的相关信息数据较为匮乏，所以在问卷调查过程中，请 30 位专家对目前我国科技型小微企业网络融资风险情况进行打分，通过比例转化得到评分结果如表 10-8 所示。

表 10-8　网络融资一级指标评分结果统计表

一级指标	很高	较高	一般	较低	很低
政策法律风险	0.1481	0.1481	0.4815	0.1111	0.1111
市场环境风险	0.2593	0.0741	0.1481	0.3704	0.1481
贷款方风险	0.2593	0.2963	0.3333	0.0370	0.0741

续表

一级指标	很高	较高	一般	较低	很低
借款方风险	0. 2222	0. 0741	0. 3704	0. 1481	0. 1852
融资平台风险	0. 2593	0. 1581	0. 4074	0. 1111	0. 0741

由表 10-8 得到网络融资风险隶属度矩阵如下：

$$R=\begin{pmatrix} 0.1481 & 0.1481 & 0.4815 & 0.1111 & 0.1111 \\ 0.2593 & 0.0741 & 0.1481 & 0.3704 & 0.1481 \\ 0.2593 & 0.2963 & 0.3333 & 0.0370 & 0.0741 \\ 0.2222 & 0.0741 & 0.3704 & 0.1481 & 0.1852 \\ 0.2593 & 0.1581 & 0.4074 & 0.1111 & 0.0741 \end{pmatrix}$$

计算网络融资风险值：

$S=W\times R=(0.3308, 0.1921, 0.2039, 0.2073, 0.0428)$

$F=S\times U(T)=64.01$

（2）确定贷款方风险二级评价指标权重 W 与隶属度矩阵 R。由表 8-12 得到贷款方风险二级指标层权向量 W=（0.6250，0.3750），根据专家对贷款方风险情况进行打分，通过比例转化得到评分结果如表 10-9 所示。

表 10-9 贷款方风险二级指标评分结果统计表

二级指标	很高	较高	一般	较低	很低
项目决策可行性	0. 3904	0. 3561	0. 1373	0. 0501	0. 0661
项目执行和理性	0. 3893	0. 3581	0. 2074	0. 0111	0. 0341

由表 10-9 得到贷款方风险隶属度矩阵：

$$R=\begin{pmatrix} 0.3904 & 0.3561 & 0.1373 & 0.0501 & 0.0661 \\ 0.3893 & 0.3581 & 0.2074 & 0.0111 & 0.0341 \end{pmatrix}$$

计算贷款方风险值：

$S=W\times R=(0.3900, 0.3569, 0.1636, 0.0355, 0.0541)$

$F=S\times U(T)=58.70$

（3）确定借款方风险二级评价指标权重 W 与隶属度矩阵 R。得到借款方风险二指标层权向量 W =（0.5162，0.2024，0.2814），根据专家对借款方风险情况进行打分，通过比例转化得到评分结果如表 10-10 所示。

表 10-10 借款方风险二级指标评分结果统计表

二级指标	很高	较高	一般	较低	很低
投资人参与程度	0.3222	0.3126	0.2598	0.0867	0.0187
利益分配程度	0.3593	0.2126	0.1481	0.1864	0.0936
投资动机	0.2956	0.2631	0.2153	0.1111	0.1149

由表 10-10 得到借款方风险隶属度矩阵：

$$R=\begin{pmatrix} 0.3222 & 0.3126 & 0.2598 & 0.0867 & 0.0187 \\ 0.3593 & 0.2126 & 0.1481 & 0.1864 & 0.0936 \\ 0.2956 & 0.2631 & 0.2153 & 0.1111 & 0.1149 \end{pmatrix}$$

计算借款方风险值：

S＝W×R＝（0.3222，0.2784，0.2247，0.1137，0.0609）

F＝S×U（T）＝63.90

（4）确定融资平台风险二级评价指标权重 W 与隶属度矩阵 R。

得到融资平台风险二级指标层权向量 W＝（0.2499，0.1066，0.0386，0.1556，0.1025），根据专家对融资平台风险情况进行打分，通过比例转化得到评分结果如表 10-11 所示。

表 10-11 融资平台风险二级指标评分结果统计表

二级指标	很高	较高	一般	较低	很低
平台信用程度	0.3218	0.3394	0.1569	0.1485	0.0334
网络技术程度	0.2956	0.2861	0.1953	0.1253	0.0977
平台管理合理性	0.2264	0.2576	0.1852	0.1023	0.2285
担保合规性	0.2842	0.2657	0.1924	0.1423	0.1154
利益相关性	0.2619	0.2972	0.1359	0.1111	0.1939
资金安全性	0.3029	0.2348	0.1942	0.1962	0.0719

由表 10-11 得到融资平台风险隶属度矩阵：

$$R=\begin{pmatrix}0.3218 & 0.3394 & 0.1569 & 0.1485 & 0.0334\\ 0.2956 & 0.2861 & 0.1953 & 0.1253 & 0.0977\\ 0.2264 & 0.2576 & 0.1852 & 0.1023 & 0.2285\\ 0.2842 & 0.2657 & 0.1924 & 0.1423 & 0.1154\\ 0.2619 & 0.2972 & 0.1359 & 0.1111 & 0.1939\\ 0.3029 & 0.2348 & 0.1942 & 0.1962 & 0.0719\end{pmatrix}$$

计算融资平台风险值：

S=W×R=（0.2968，0.2781，0.1784，0.1560，0.0903）

F=S×U（T）=65.93

（5）确定政策法律风险二级评价指标权重 W 与隶属度矩阵 R。得到政策法律风险二级指标层权向量 W=（0.3659，0.3659，0.2683），根据专家对政策法律风险情况进行打分，通过比例转化得到评分结果如表 10-12 所示。

表 10-12　政策法律风险二级指标评分结果统计表

二级指标	很高	较高	一般	较低	很低
法律完备性	0.3984	0.3921	0.1251	0.0133	0.0711
监管完善性	0.3851	0.3462	0.1016	0.1024	0.0647
征信体系健全性	0.3216	0.3346	0.2101	0.0536	0.0801

由表 10-12 得到政策法律风险隶属度矩阵：

$$R=\begin{pmatrix}0.3984 & 0.3921 & 0.1251 & 0.0133 & 0.0711\\ 0.3851 & 0.3462 & 0.1016 & 0.1024 & 0.0647\\ 0.3216 & 0.3346 & 0.2101 & 0.0536 & 0.0801\end{pmatrix}$$

计算政策法律风险值：

S=W×R=（0.3730，0.3600，0.1393，0.0567，0.0712）

F=S×U（T）=59.88

（6）确定行业市场风险二级评价指标权重 W 与隶属度矩阵 R。得到行业市场风险二级指标层权向量 W=（0.1953，0.1104，0.3646，0.1230，0.2067），根据专家对行业市场风险情况进行打分，通过比例转化得到评分结果如表 10-13 所示。

表 10-13　行业市场风险二级指标评分结果统计表

二级指标	很高	较高	一般	较低	很低
行业规范统一性	0. 3963	0. 2531	0. 1523	0. 1132	0. 0851
市场信号真实性	0. 3851	0. 2142	0. 1896	0. 1982	0. 0129
行业准入标准明确性	0. 2884	0. 2641	0. 1354	0. 1952	0. 1169
行业退出机制完善性	0. 3313	0. 2875	0. 1675	0. 1111	0. 1026
行业自律组织成熟性	0. 2041	0. 2236	0. 1987	0. 1358	0. 2378

由表 10-13 得到行业市场风险隶属度矩阵：

$$R=\begin{pmatrix} 0.3963 & 0.2531 & 0.1523 & 0.1132 & 0.0851 \\ 0.3851 & 0.2142 & 0.1896 & 0.1982 & 0.0129 \\ 0.2884 & 0.2641 & 0.1354 & 0.1952 & 0.1169 \\ 0.3313 & 0.2875 & 0.1675 & 0.1111 & 0.1026 \\ 0.2041 & 0.2236 & 0.1987 & 0.1358 & 0.2378 \end{pmatrix}$$

计算行业市场风险值：

$S=W\times R=(0.3080,\ 0.2510,\ 0.1617,\ 0.1569,\ 0.1224)$

$F=S\times U\ (T)\ =66.68$

首先，由表 10-12 可得各风险因素对总体风险的影响程度，一级指标对总目标的影响程度依次是：贷款方风险（权重：0. 2881）>政策法律风险（权重：0. 2666）>借款方风险（权重：0. 2559）>借款方平台风险（权重：0. 1171）>行业市场风险（权重：0. 0723）。

具体而言，第一是贷款方风险影响，贷款方企业自身实力和项目的决策与执行能力是网络融资顺利进项的核心，对网络融资风险的影响最为严重，科技型小微企业加强自身管理刻不容缓。第二是政策法律风险，对网络融资风险的影响很大。网络融资政策法律环境在网络融资过程中起主导作用，近年来，很多融资平台倒闭、老板“跑路”的新闻屡见不鲜，投资者的担心严重影响了网络融资系统的运行，增加了科技型小微企业网络融资风险。第三是借款方风险影响，投资方决策对网络融资有直接影响，投资人的参与程度直接影响网络融资的资金数量和资金的流动性，利益分配程度影响投资收益也影响贷款企业承受的还款压力，投资人的投资动机也对网络融资产生重大影响，“洗钱”的违法行为严重影响网络融资的顺利进行，投资人需合理参与投资的意识继续增强。第四是融资平台风险，融资平台的规范发展是网络融资顺利进行的重要保障，融资平台不仅包括平台信用、平台管理、平台技术等因素的影响，还包括第三方支付平台的资金安全性和第三方担保机构的担保合规性和利益相关性对融资风险的影响。

另外，政策法律风险和行业市场风险两者加权权重之和与贷款方风险、借款方风险的权重大致相同，说明外部环境与参与主体对网络融资风险的影响一样重要。加强网络融资主体尤其是贷款方和借款方规范管理的同时，对完善法律法规的需求也不容忽视。

二级指标中，项目决策可行性（权重：0.1801）>投资人参与程度（权重：0.1321）>项目决策合理性（权重：0.1080）>法律完备性（权重：0.0975）=监管完善性（权重：0.0975）>投资动机（权重：0.0720）>征信体系健全性（权重：0.0715）>利益分配程度（权重：0.0518）>资金安全性（权重：0.0406）>平台信用程度（权重：0.0293）>行业准入标准明确性（权重：0.0263）>担保合规性（权重：0.0182）>行业自律组织成熟性（权重：0.0150）>行业规范统一性（权重：0.0141）>网络技术程度（权重：0.0125）>利益相关性（权重：0.0120）>行业退出机制完善性（权重：0.0089）>市场信号真实性（权重：0.0080）>平台管理合理性（权重：0.0045）。

具体而言，项目决策可行性对贷款方风险影响最大，投资人参与程度对借款方风险影响最大，资金安全性对网络融资平台风险影响最大，法律完备性和监管完善性对政策法律风险影响最大，行业准入标准明确性对行业市场风险影响最大。科技型小微企业应加强自我管理，提高企业决策和实践的综合实力；加强理性合理的宣传，对投资人进行投资知识的普及和灌输；建立健全网络融资相关的法律法规，约束并规范网络融资行为。

根据各风险要素对总目标影响程度的排序，在科技型小微企业网络融资风险控制过程中，为有效降低总体风险，应优先处理影响程度较大的风险。该风险评估结果制定对科技型小微企业网络融资风险管理对策具有参考作用。

其次，根据模糊综合评价结果可知，网络融资综合评价值为 64.01，位于 60~80 分，表示风险状况一般。作为解决科技型小微企业网络融资问题的重要途径，网络融资过程在政府的大力支持下，再加上第三方担保平台和第三方支付平台的双重保障，只得到这样的评分结果并不乐观，表明推进发展网络融资任重而道远。

对五个一级指标分别进行评分，贷款方风险综合评价为 58.70，在 40~60 分之间，表示风险状况较高，说明科技型小微企业自身问题造成的融资风险较为严重，可能造成严重影响，科技型小微企业需加强企业内部管理，提高项目决策的科学性和项目实施的合理性。借款方风险综合评价为 63.90，在 60~80 分之间，表示风险状况一般，借款方风险确实具有一定风险。借款方是网络融资的出资方，也对网络融资造成一定影响，完善网络融资模式，合理宣传，增加投资者的认知度和信任程度，从而提高其参与程度、实现理性投资，有助于降低网络融资风险。融资平台风险综合评价为 65.93，在 60~80 分之间，表示风险状况一般，融资平台风险能造成一定影响。融资平台是间接借贷双方的中介机构，其风险能通过现金流信息流迅速进行传播，进一步加强网络融资平台的管理，包括支付平台的合规化、支付平台资金安全可信化对规避网络融资风险具有重要作用。政策法律风险综合评价为 59.88，在 40~60 分之间，表示风险状况较高，可能造成严重后果。法律不完备、监管不完善、征信体系不健全造成的政策法律风险较为严重，营造良好的政策法律环境对网络融资发展极其重要。行业市场风险综合评价为 66.68，在 60~80 分之间，表示风险状况一般，行业市场环境会造成一定风险。行业规范不统一、市场信号不真实、行业准入和退出机制不完善、自律组织不成熟可能造行业市场风险从而影响网络融资的顺利进行，统一行业规范，严格相关信息的发布，为网络融资提供有利于其健康持久发展的行业市场环境是必要的。

11 小微企业网络融资风险防范策略研究

网络融资与小微企业融资之间具有内在的契合性。网络融资在现阶段的发展模式主要是通过互联网媒介来绕开传统的金融媒介，实现金融服务的功能。在这种金融模式下，支付便捷，市场信息不对称程度非常低；资金供需双方在资金期限匹配、风险分担等方面的成本非常低，可以直接交易。这个市场的信息是相对充分有效的，可以达到与现在资本市场直接融资和银行间接融资一样的资源配置效率，在促进经济增长的同时，还能大幅减少交易成本。而对于小微企业融资来说，最大的问题在于信息不对称，使资金借出方难以掌握借款方的真实信息，大大提高了资金的使用风险。同时，小微企业的资金需求往往具有需求急、短、频等特点，对支付具有较高的需求。互联网金融与小微企业融资具有先天性的基因契合特点，金融的基本功能是为实体经济提供资源配置、支付结算、风险分散等服务。互联网金融基于信息技术的优势，与金融结合后能使这些功能更为优化，通过大数据积累和挖掘，形成信用信息和长尾效应，而这恰是满足小微企业融资需求的重要方式。

根据前述分析，小微企业网络融资系统主要包括贷款方风险、借款方风险、融资平台风险（包括第三方融资担保机构风险、第三方支付平台风险）、政策法律风险、行业市场风险五大风险来源，结合各因素风险权重，针对五大风险来源从内部风险防范、外部风险控制两个角度就提高小微企业内部管理水平、增强借款方风险防范意识、加速网络融资平台建设、完善网络融资法律体系、优化行业市场环境五个方面提出相应建议。

11.1 贷款方主体对策

科技型小微企业的自我管理和防范是网络融资风险管理的核心要素。贷款方主体可能造成的网络融资风险最为严重，科技型小微企业应持续加强自身管理，从传统的被动接受风险到主动地进行风险防范的转变，增强风险防范意识和提高风险防范能力，在风险与利润的博弈中谋求长远发展。

贷款方可以是个人，也可以是一家贷款公司。贷款方式也有多种，比如说“一对一”和“一对多”等，即一个或者多个贷方个人或企业将贷款放给借款方，比如说有利网就是以这样的模式运行的。但是也有一种模式为“多对多”，如债券之间的流转模式，在网贷中介平台的运作下，将单个借款人的请求分成若干债权出售给贷款人，同时允许贷款人转让债权。虽然这种方式极大地提高了资金的配置效率，增加了增产的流动性，但是已经不是传统意义上的借贷模式了，很大程度上是一种非法集资的模式，有着较大的风险。

随着信息技术的快速发展和大数据的广泛应用，以互联网为基础的平台已成为企业新型的战略性资源。相对于传统融资，网络融资更具有便利性，所有企业都有机会借助于网络平台进行融资，这些新变化对传统竞争提出了严峻挑战，同时也造成了一些问题。对于中小企业来说，利用好共享平台是其突破资源约束促进创新发展的首要环节。但是由于网络融资缺少监管，贷款方主体可能通过法律漏洞，收取高额的利息费用，造成借贷双方信息的不对称。网络融资实质上还是属于民间借贷的范畴，这其中存在极大的不确定性和风险性。

网络融资是解决小微企业融资难的有效途径。小微企业成长是在企业各类系统和功能相互配合下，不断突破原有惯例，适应环境条件的变化，以实现价值创造的动态过程。在此基础上，结合小微企业成长特性与融资结构，提出了小微企业的网络融资分析路径。科技型小微企业的项目决策及项目执行能力对网络融资的顺利进行起到至关重要的作用，尤其是项目决策可能性对贷款方风险影响最大。首先，筹备阶段，优化项目设计，不仅重视项目本身，还要考虑项目的融资目标、融资时间、展示形式、回报设计等，以便顺利通过平台审核并有效吸引投资资金实现融资目标。其次，匹配阶段，激励借款方进行投资，加强与借款方的互动交流，展示项目信息，融资成功后合理进行资金调配，为项目实施做好准备。最后，实施阶段，提升项目执行能力，建立专门的管理团队、内部管理制度和约束机制，同时接受融资平台监督，及时进行信息交流汇报项目进程，保证项目的有效实施。

政府要对网上金融企业实施许可证和资质认证，建立各级监管机制，需要对网上金融业务主体和业务类型进行监管。区分不同的监管部门涉及两个问题：监管范围和监管协调。目前，互联网业务是由传统的金融机构监管。中国银监会对第三方支付机构进行监管，而一些网上信用平台则依赖于当地执法机构的监管。我国应建立统一的监管分类和逐步完善的监管机制，包括明确各部门的监管职责和范围，规范各级重点规划部门的监管工作对金融部门进行网上监管，明确监管机构和监管政策的各项目标，逐步完善跨层次、跨部门的监管协调机制。加大对监控技术的投入，动态捕捉行业风险的发展趋势，特别是安全生产中经常出现的安全隐患和期限不匹配问题，完善监控环节。建立灵活的网络金融风险监测预警机制。建立网络金融机构质量认证，加强网络金融监管。重点检查资质，实施网上金融机构许可证制度，禁止和惩治“无照、无照”重大违法行为。

11.2 借款方主体对策

网络融资的借款方通常是被银行机构所不接受的，借款方本身存在着某些风险和不确定性，例如，借款方还款能力弱，所投项目前景较差。并且中小企业通过网络融资时利息往往较高，能达到20%左右，而银行的贷款利率仅为5%左右，并且在现实生活中很少有项目收益率可以超过20%，其借款方可能很难偿付本息。

增强借款方风险防范意识是科技型小微企业进行网络融资的重要前提。借款方的资金注入使网络融资得以顺利进行，借款方的风险防控是网络融资风险控制的开端，增强借款方风险意识有助于网络融资的顺利展开。

投资人参与程度对借款方风险的影响最大，提高投资人的参与程度最为重要。首先，增强理性投资意识，了解相关投资知识，充分调查当前融资环境，正确认识网络融资投资途径，投资前尽量选择可信赖的融资平台，但不要全部依靠平台的综合评分，应对融资项目及企业信息进行综合考虑后再决定是否投资，同时为降低自身风险，尽量将资金分散投资，避免因盲目追求高回报导致投资风险。其次，考察网络融资平台交易量的同时，兼顾风险防范问题，关注网络融资平台相关的第三方担保机构和第三方支付平台的资质及实力，分析相关的监管流程及担保流程，选择网络安全技术较高、对贷款方身份和项目审核严格的融资平台，确保资金和信息安全。最后，投资过程中禁踩法律红线，坚决杜绝“洗钱”等非法投资行为。

11.3 网络融资平台主体对策

网络融资平台的规范发展是网络融资风险管理的重要保障，尤其是资金安全性，对融资平台风险的影响最大。网络融资平台本身较好的风险控制使科技型小微企业网络融资具有一定的风险防范性，加强网络融资平台建设有助于网络融资的稳定、顺利进行。

目前关于互联网平台的监管政策并没有一个清晰的界定，互联网融资平台的监管法律政策属于灰色地带。一方面，借贷运作模式错综复杂，违约风险较高；另一方面，没有监管部门对其进行审查和监督，行业内的行为规范也并没有统一的评判准则。很多非法集资，携款潜逃行为频频发生，因此急需对网络融资平台强加监管。

第一，资金安全性对网络融资风险影响最为重要，必须规范第三方资金托管机制。建立严格的资金管理制度，规范第三方支付平台对资金的转拨流程，并接受相关监督，防范网络融资平台的信用风险，实现资金管理的独立性和透明性，确保网络融资过程中资金的安全性和流动性，降低了融资平台的信用风险，保障了借贷双方的资金安全。第二，完善融资平台内部管理制度。构建管理体系，优化业务流程，完善规章制度，提升平台人员的专业服务水平和增强信息保护意识，增强风险防范意识，组建专业团队与担保机构共同进行审核来降级信息不对称程度，跟踪监督项目进展情况。第三，加强借贷双方的信用体系构建。应用大数据技术掌握企业财务状况和流动水平，构建企业信用数据库，建立风险识别体系和信用评级机制实现网络融资的稳定发展。第四，提高网络安全技术。建立网络融资网络安全技术标准体系，加大网络安全技术的开发和管理，提升网络安全技术水平，实现数据加密，保护用户身份、资金等信息的合法性和有效性，确保相关信息在网络传出过程中的安全性和准确性。第五，完善网络融资平台的监管政策。尽快制定网络金融法律，为网络金融市场的管理提供法律依据。网络金融存在的主要问题是缺乏全面规范的法律依据。2015 年 8 月 3 日，为鼓励金融创新，促进互联网金融健康发展，明确监管责任，规范市场秩序，经国务院同意，中国人民银行、工业和信息化部、公安部、财政部、国家工商总局、国务院法制办、中国银行保险监督管理委员会、中国证券监督管理委员会、国家互联网信息办公室日前联合印发了《关于促进互联网金融健康发展的指导意见》（银发〔2015〕221 号，以下简称《指导意见》）。《指导意见》提出了一系列鼓励创新、支持互联网金融稳步发展的政策措施，积极鼓励互联网金融平台、产品和服务创新，鼓励从业机构相互合作，拓宽从业机构融资渠道，坚持简政放权和落实、完善财税政策，推动信用基础设施建设和配套服务体系建设。按照“依法监管、适度监管、分类监管、协同监管、创新监管”的原则，确立了互联网支付、网络借贷、股权众筹融资、互联网基金销售、互联网保险、互联网信托和互联网消费金融等互联网金融主要业态的监管职责分工，落实了监管责任，明确了业务边界。

2021 年 12 月 22 日，国务院办公厅印发了《加强信用信息共享应用 促进中小微企业融资实施方案》（国办发〔2021〕52 号，以下简称《实施方案》）。《实施方案》以支持银行等金融机构提升服务中小微企业能力为出发点，多种方式依法依规归集共享涉企信用信息，助力银行等金融机构提升服务中小微企业能力，不断提高中小微企业贷款覆盖率、可得性和便利度，为中小微企业纾困发展提供支持。通过信息共享打破“信息孤岛”，缓解银企信息不对称，为银行利用大数据技术全流程管理贷款创造条件；提出要完善信用评价体系和强化风险监测，有利于银行提高小微企业信贷业务的风险管理能力；提出多项保障措施，助力银行进一步加大信贷资源向中小微企业倾斜力度。

为贯彻落实以上《实施方案》，2022 年 4 月 8 日，国家发展改革委办公厅、银保监会办公厅印发了《关于加强信用信息共享应用推进融资信用服务平台网络建设的通知》（发改办财金〔2022〕299 号），此通知从“建立健全融资信用服务平台网络”“加快推进涉企信用信息归集共享”“着力提升融资信用服务平台服务质量”“切实加强信息安全和主体权益保护”“强化政策支持”“加强工作通报”六方面，进一步明确融资信用服务平台网络建设中各主体的职责和要求。

11.4　网络融资政策法律环境对策

政府监管在科技型小微企业网络融资风险管理系统中起主导作用。法律完备性和监管完善性对政策法律风险的影响最大。应建立可持续平衡的金融发展机制、强化金融机构自我约束、优化金融监管治理体系，为网络融资提供更加完善的外部环境。

第一，网络融资合法化。出台针对网络融资的法律法规，明确网络融资的边界和主体地位，规范借款方的从业资格和业务范围，约束第三方融资性担保机构行为，从法律层面制定网络融资的标准，通过立法对网络金融监管部门进行相应的监管，明确界定网上金融监管的职责范围。第二，加强对知识产权的保护。在融资过程中要找寻项目展示和知识产权保护的平衡点，登记知识产权，由企业决定公开程度，对有意向的投资方进行不同程度的信息公示。规范网上金融服务提供者的资格，界定其合法经营范围，明确提供者的义务和责任。第三，建立监管机制。明确监管主体，由融资模式确定相应的监管部门，建立与风险匹配的监管体系；政府部门在管理办法的基础上制定监管规范，出台监管政策，监管网络融资流程，实现风险监测、预警机制灵活化。完善网络金融消费者权益保护的法律法规，保护网络金融从业人员的合法权益。公开信息的非法披露，保护公民的资金安全不受侵害，确定网络金融服务提供者的连带责任，保障消费者的风险。第四，出台更多有利于科技型小微企业发展的具体方案，鼓励金融机构适当放宽对小微企业的贷款利率的浮动，建立小微企业融资贷款风险补偿制度，加大对小微企业尤其是科技型小微企业融资的支持力度。

11.5 网络融资行业市场环境对策

行业自律在科技型小微企业网络融资风险管理系统中起重要补充作用。行业准入标准明确性对行业市场风险的影响最大。应加强行业自律建设，增强网络融资行业内不同参与主体的自我约束意识，进而完善行业规范，为网络融资提供更加完善的外部环境。

首先，规范市场准入和退出制度。使实力强、管理能力先进的平台及其他第三方优先进入市场；把贷款方的违约率作为退出标准的核心指标，设计多重风险预警系统；设立行业门槛，考核网络融资平台注册资本。规范经营模式、人员从业资格等信息，防治高风险或劣质平台进入市场；完善市场推出机制，防治网络融资平台非法集资卷款跑路。其次，成立行业自律组织，督促网络融资平台完善信息披露制度和内控制度，积极开展行业研究并加强自身建设，提高网络融资系统的公信力和防风险能力；代表网络融资行业与争取进行沟通，寻求相应的支持和帮助；优化资源配置，加强对投资者的网贷知识的普及教育，维护行业间的有序公平竞争。最后，完善网络融资行业基础信用体系。以政府为主导，针对行业数据分散的情况，联合相关信用服务机构，建立健全网络融资行业市场的信用信息记录，统一数据标准，建立统一合理的数据共享机制，形成规范的行业信用体系，为贷款企业和投资方提供全面、真实、便捷的行业市场信息服务，进而帮助其选择高质量的网络融资平台和交易对象。完善信用信息系统，加强网络金融风险教育。由于网络金融业缺乏相应的信用体系，许多企业传统的信用审计是通过电话、账户信息、收入证明等离线方式进行的，而且还款能力很难进行有效的评估，导致了信用风险的产生。直接导致网上不良贷款率高、离线回收有限，最终导致消费者资金的损失，因此，应完善信用信息系统建设。

伴随互联网和大数据处理技术的发展与应用，共享经济是一个必然选择，作为共享经济的一种方式，网络融资改变了传统借贷关系形态，扩大了经营空间，打破了借贷双方在时间空间上的限制，有效实现了资源、要素、利益的共享，冲击了传统金融模式。然而机遇与风险并存，本书结合网络融资操作流程，从内部主体和外部环境分析科技型小微企业网络融资风险要素及形成机理，利用层次分析法和模糊综合评价发，构建了科技型小微企业网络融资风险评价指标体系，探讨风险评估方式，进而提出风险防范的对策建议，帮助科技型小微企业提高融资效率，破解融资困境，真正实现金融资源更加有效、公平的配置。

参考文献

［1］艾尔弗雷德·D. 钱德勒．看得见的手——美国企业的管理革命［M］．北京：商务印书馆，1997.

［2］巴曙松．如何破解小微企业融资难［J］．上海企业，2013（5）：53.

［3］毕晓方，姜宝强．财务松弛对公司业绩的影响研究——基于融资约束和代理成本的视角［J］．商业经济与管理，2010（4）：83-90.

［4］曹国，应可福，沈利香，冷萍．非线性视角下微型企业互联网融资影响因素研究［J］．财会通讯，2015（35）：22-25，129.

［5］曹梦杰，李治堂．出版上市公司资本结构优化研究——基于优序融资理论［J］．科技与出版，2018（2）：54-58.

［6］陈锦旗．中国上市公司融资结构研究［D］．上海：上海社会科学院，2006.

［7］陈隆，闫真宇，邓舒仁．对当前小微企业融资问题的若干思考［J］．浙江金融，2018（1）：17-23.

［8］陈容，干胜道．权衡理论与优序融资理论的比较研究［J］．商业研究，2008（5）：37-39.

［9］陈素萍．小微企业财务管理七重现实困境探析［J］．财会学习，2019（12）：2.

［10］陈晓芳，邓银花．“互联网金融+融资租赁”A2P 模式的 SWOT 分析［J］．财会月刊，2017（2）：119-123.

［11］陈新娟．互联网金融化解中小企业融资难研究［J］．合作经济与科技，2019（18）：46-49.

［12］陈玉婕，倪宁曦，苟小菊．创新创业环境下众筹项目成功与否的影响因素研究［J］．上海经济研究，2015（11）：8.

［13］陈正俊．论小额贷款公司的风险管理与控制［J］．山西财经大学学报，2013（S1）：32-32.

［14］程静，胡金林．互联网金融化解中小企业融资难路径探析［J］．商业经济研究，2019（1）：172-175.

［15］崔婧，鲍新中．行业协会对小微企业成长性的影响［J］．技术经济，2015，34（9）：44-47，54.

［16］崔晓玲，钟田丽，于连国．基于DEA粒子群优化算法的政策性信用担保运行效率分析——来自东北某省的数据［J］．财会通讯，2011（24）：115-118.

［17］戴东红．互联网金融对小微企业融资支持的理论与实践——基于小微企业融资视角的分析［J］．理论与改革，2014（4）：91-96.

［18］邓超，周峰，唐莹．商业银行信任对小微企业信贷影响的研究［J］．国际金融研究，2017（2）：54-63.

［19］邓大松，赵玉龙．我国商业银行支持小微企业发展的难点及对策［J］．经济纵横，2017（10）：87-93.

［20］邓鸿丽，任文，邓鸿志．互联网金融与融资模式创新研究［J］．宏观经济管理，2015（4）：3.

［21］丁锦希，李伟，王中．知识产权质押融资激励政策研究——基于北京贴息模式的实证分析［J］．科技进步与对策，2012，29（21）：5.

［22］丁元元．小微企业技术创新与提升竞争力关系研究［D］．南京：南京财经大学，2013.

［23］董春丽．互联网金融背景下中小企业融资风险与路径探析［J］．湖南社会科学，2019（2）：73-80.

［24］杜晓斐．互联网时代下我国小微企业成长的影响因素研究［D］．天津：天津财经大学，2016.

［25］段胜．关于民营企业融资难融资贵问题的思考——基于四川省民营企业的调查分析［J］．西南金融，2019（3）：3-11.

［26］段一群，戴稳胜．金融环境、政治关系与融资约束——基于装备制造

业上市公司的经验证据［J］. 科技进步与对策，2013，30（24）：6.

［27］范琳，王怀明，沈建新. 互联网金融破解农业中小企业融资困难研究［J］. 江苏农业科学，2015，43（10）：541-543.

［28］范如国，张应青，崔迎迎. 基于企业适应性偏好行为的产业集群转型"窗口期"研究［J］. 商业经济与管理，2016（2）：68-79.

［29］费腾. MM 理论及其对我国的借鉴意义研究［J］. 商业会计，2015（2）：44-47.

［30］冯建本. 互联网金融环境下中小企业融资模式与实现路径［J］. 财会通讯，2018（23）：13-16.

［31］高莹，曹仲恺. 基于代理成本理论的我国上市公司融资结构问题研究［J］. 东北大学学报（社会科学版），2006（5）：340-343.

［32］龚艳萍，陈艳丽. 企业创新网络的复杂适应系统特征分析［J］. 研究与发展管理，2010，22（1）：7.

［33］谷婷婷. 小微企业融资难问题研究［J］. 金融经济，2018（18）：126-127.

［34］郭百红. 互联网金融对中小企业融资的影响分析——兼与传统金融的比较［J］. 现代管理科学，2017（9）：52-54.

［35］郭佳德. 众筹融资模式的系统性研究［J］. 五邑大学学报（社会科学版），2015，17（4）：5.

［36］郭建辉. 中国互联网金融服务实体经济研究［D］. 吉林：吉林大学，2020.

［37］郭喜才. 基于互联网金融背景下的小微企业融资问题研究［J］. 科学管理研究，2014，32（2）：109-112.

［38］郭崖. 河南科技型小微企业成长影响因素及对策研究［J］. 中小企业管理与科技（上旬刊），2016（4）：20-21.

［39］海梦杰，姚文英. 基于代理成本理论的企业最优资本结构探讨［J］. 国际商务财会，2019（1）：34-37.

［40］韩福荣，许艳梅. 企业仿生学［M］. 北京：企业管理出版社，2002.

［41］韩刚. 商业银行金融创新与科技型小微企业融资困境突破［J］. 金融

理论与实践，2012（4）：20-23.

［42］何健聪．小微企业融资问题实证研究［J］．辽宁经济，2011（9）：53-55.

［43］和毅．互联网金融模式下的供应链融资发展思考［J］．金融理论与实践，2013（12）：75-77.

［44］贺潇颖，李婕．MM 理论及其在中国的适用性研究［J］．特区经济，2004（11）：219-220.

［45］胡斌．中国小微企业融资难问题研究［D］．武汉：武汉大学，2016.

［46］胡恒松．小微企业融资问题及对策研究——基于信贷政策视角［J］．会计之友，2019（18）：115-120.

［47］胡金焱，水兵兵．互联网金融借贷期限、信用风险与定价关系研究——基于借款者投融资期限错配视角［J］．现代财经（天津财经大学学报），2020，40（9）：3-18.

［48］胡凯，谢申祥．企业控制权理论综述［J］．经济纵横，2006（6）：45，78-79.

［49］胡苗忠，徐海燕．基于财税与金融改革的小微企业发展研究［J］．西南金融，2014（3）：59-62.

［50］黄丹．线上供应链金融操作风险管理研究［D］．武汉：武汉理工大学，2012.

［51］黄洁莉．论构建扶持小微企业财税政策绩效评价制度［J］．税务研究，2012（12）：14-18.

［52］黄明刚．互联网金融与中小企业融资模式创新研究［D］．北京：中央财经大学，2016.

［53］黄子健，王龑．大数据、互联网金融与信用资本：破解小微企业融资悖论［J］．金融经济学研究，2015，30（1）：55-67.

［54］霍华．小微企业成长理论研究与模式选择［J］．中小企业管理与科技（下旬刊），2016（1）：25-26.

［55］纪玲珑．小微企业互联网众筹融资模式探讨［J］．财会月刊，2015（5）：111-113.

［56］贾舒．我国商业银行对小微企业的信贷风险管理［J］．山西财经大学学报，2014，36（S1）：38.

［57］江晶晶．破解中小微企业融资难题——基于互联网金融的视角［J］．金融理论与实践，2014（12）：41-43.

［58］蒋天颖，丛海彬，王峥燕，等．集群企业网络嵌入对技术创新的影响——基于知识的视角［J］．科研管理，2014，35（11）：26-34.

［59］蒋天颖，等．基于市场导向的中小微企业竞争优势的形成机理［J］．科研管理，2013（6）：17-24.

［60］鞠冉．互联网金融下的非营利性众筹融资模式分析［J］．社会科学辑刊，2014（3）：101-104.

［61］康军．科技小微企业非理性融资行为研究——基于融资契约理论视角［J］．理论学刊，2016（5）：79-85.

［62］孔令夷．资源观视域下中小微科技企业成长绩效影响因素分析［J］．暨南学报（哲学社会科学版），2015，37（6）：25-41.

［63］李柏洲，马永红，孙立梅．中小企业成长理论评述及其创新研究［J］．科技进步与对策，2006（12）：189-192.

［64］李超，骆建文．基于互联网金融的小微企业融资策略［J］．现代管理科学，2015（1）：100-102.

［65］李传宪．政治关联、补贴收入与公司投资效率［J］．财经问题研究，2015（8）：8.

［66］李东荣．构建互联网金融风险治理体系［J］．中国金融，2016（12）：3.

［67］李二亮．互联网支付的风险及传导路径研究［J］．现代管理科学，2016（2）：3.

［68］李华民，吴非．谁在为小微企业融资：一个经济解释［J］．财贸经济，2015（5）：48-58.

［69］李建林，赵玲．我国科技型小微企业金融支持体系探讨［J］．当代经济，2013（1）：34-37.

［70］李明星，等．转型升级背景下小微企业专利融资模式创新研究［J］．

科技进步与对策，2013（18）：138-142.

［71］李森森，刘德胜．企业集群、区域创新网络与科技型小微企业成长［J］．东岳论丛，2014，35（1）：145-151.

［72］李森森，张玉明．科技型小微企业成长阶段分析及发展对策［J］．理论学刊，2013（9）：50-53.

［73］李淑珍．我国中小企业融资如何在互联网金融模式下突围［J］．改革与战略，2016，32（12）：90-93.

［74］李素红，方洁，蔡韡．互联网金融背景下科技型小微企业融资平台建设［J］．科技管理研究，2018，38（11）：195-201.

［75］李亦亮．集聚发展：中小微企业成长的着力点［J］．理论探索，2013（6）：91-94，103.

［76］李有星，陈飞，金幼芳．互联网金融监管的探析［J］．浙江大学学报（人文社会科学版），2014，44（4）：87-97.

［77］凌廷友，王甫．权衡理论和优序融资理论之比较［J］．财会月刊，2003（6）：48-49.

［78］刘斌，胡莎．互联网视角下我国中小企业供应链融资模式创新［J］．商业经济研究，2016（10）：110-111.

［79］刘德胜，陈加奎．企业基因与创新型中小企业成长研究——基于复杂科学视角的解读［J］．科技进步与对策，2015，32（22）：78-82.

［80］刘钒，钟书华．创新型小微企业的群体属性及智能涌现——群集智能的视角［J］．科学学研究，2015，33（12）：1861-1866.

［81］刘凤娟，司言武．互联网融资模式及风险管理剖析——第一产业中小微企业创新视角［J］．财会月刊，2017（9）：115-119.

［82］刘刚，隗祖敏．互联网非公开股权融资影响因素研究——以筹道股权为例［J］．上海金融，2017（2）：59-66.

［83］刘广辰．基于代理理论视角下上市公司最优资本结构研究［J］．赤峰学院学报（自然科学版），2013，29（6）：102-103.

［84］刘洁．知识产权互联网融资平台运营中的风险及其分散对策［J］．知识产权，2015（9）：68-72.

［85］刘晶晶．“互联网+”背景下民间融资领域非法集资风险研究［J］．中国人民公安大学学报（社会科学版），2017，33（4）：92-99.

［86］刘柳，屈小娥．互联网金融改善了社会融资结构吗？——基于企业融资选择模型［J］．财经论丛，2017（3）：38-48.

［87］刘满凤，赵珑．互联网金融视角下小微企业融资约束问题的破解［J］．管理评论，2019，31（3）：39-49.

［88］刘扭霞．企业融资方式选择：理论与影响因素［J］．生产力研究，2005（4）：205-206，227.

［89］刘鹏肖，郝增亮，张艳平．基于互联网金融的小微企业融资策略探究［J］．财会通讯，2016（20）：12-15.

［90］刘起贵，钟田丽．中小企业融资选择与治理理论：综述与展望［J］．财会通讯（下），2010（2）：4.

［91］刘淑莲．企业融资论［D］．大连：东北财经大学，2000.

［92］刘树俊．论小微企业融资需求特点及针对性服务措施［J］．中国管理信息化，2018，21（22）：97-99.

［93］刘芸，朱瑞博．互联网金融、小微企业融资与征信体系深化［J］．征信，2014，32（2）：31-35.

［94］娄飞鹏．互联网金融支持小微企业融资的模式及启示［J］．武汉金融，2014（4）：6-8.

［95］鲁政委．小微企业融资难的症结是信息不对称［J］．中国金融，2012（9）：90-92.

［96］陆岷峰，汪祖刚．数字货币：已经启程的金融大革命［J］．企业研究，2019（4）：4.

［97］罗荷花，李明贤．小微企业融资需求及其融资可获得性的影响因素分析［J］．经济与管理研究，2016，37（2）：52-60.

［98］马广奇，史梦佳．我国互联网股权众筹融资模式的风险分析与评估［J］．中国注册会计师，2016（12）：58-62.

［99］马乃云，等．完善财税政策，促进小微企业发展［J］．中央财经大学学报，2012（8）：7-10.

［100］马胜祥．论小微企业融资难的原因与出路［J］．农村金融研究，2012（4）：5-10.

［101］马歇尔．经济学原理［M］．朱志泰，译．北京：商务印书馆，1981.

［102］苗文龙，刘海二．互联网众筹融资及其激励约束与风险管理——基于金融市场分层的视角［J］．金融监管研究，2014（7）：1-22.

［103］宁曙然．基于中小企业融资视角下的 P2P 网络借贷问题研究［J］．湖北经济学院学报（人文社会科学版），2015（9）：44-46.

［104］钱德勒．战略与结构：美国工商企业成长的若干篇章［M］．昆明：云南人民出版社，2002.

［105］芮正云，庄晋财．创业者网络能力、吸收能力与新创小微企业成长［J］．财经论丛，2014（11）：74-81.

［106］单纯．互联网金融融资模式剖析——源自中小微企业的 P2P 和众筹实践［J］．科技管理研究，2015，35（24）：177-181.

［107］申羽．互联网众筹融资面临的法律风险及其防范［J］．改革与战略，2015，31（9）：92-95.

［108］沈黎怡，陆岷峰．金融供给侧结构性改革与小微金融业务发展研究［J］．西南金融，2019（7）：36-43.

［109］宋文，韩丽川．P2P 网络借贷中投资者出借意愿影响因素分析［J］．西南民族大学学报（自然科学版），2013，39（5）：795-799.

［110］孙瑞婷，熊学萍．小微企业互联网融资满足率的影响因素研究——基于612 家企业互联网平台项目融资的数据［J］．金融与经济，2018（4）：59-64.

［111］谭璐，韩俊莹．我国互联网私募股权融资平台融资效率的影响因素研究［J］．湖南师范大学自然科学学报，2017，40（3）：71-78.

［112］谭之博，赵岳．企业规模与融资来源的实证研究——基于小企业银行融资抑制的视角［J］．金融研究，2012（3）：14.

［113］谭中明，束文会．互联网金融生态圈内融资信用风险仿真评测研究［J］．武汉金融，2019（2）：9-15.

［114］汤超．我国小微企业融资难问题及其对策研究［J］．商业经济，

2017（4）：104-106.

［115］汤洪波．现代资本结构理论的发展：从 MM 定理到融资契约理论［J］．金融研究，2006（2）：70-77.

［116］田霖．金融普惠、金融包容与中小企业融资模式创新［J］．金融理论与实践，2013（6）：17-20.

［117］万芊，刘力．地区金融环境与中小企业融资行为——基于苏州、无锡中小企业调查问卷的研究［J］．金融论坛，2010（10）：8.

［118］汪莹，王光岐．我国众筹融资的运作模式及风险研究［J］．浙江金融，2014（4）：62-65.

［119］王宏峰．高技术产业融资论［D］．北京：中国社会科学院研究生院，2002.

［120］王洪生．金融环境、融资能力与小微企业成长［J］．当代经济研究，2014（3）：6.

［121］王俊．中小企业融资：理论与实证研究［D］．厦门：厦门大学，2004.

［122］王李．互联网金融时代“银行小贷”与“电商小贷”模式对比研究——基于小微企业、个体工商户融资需求满足性的视角［J］．社会科学战线，2015（7）：5.

［123］王馨．互联网金融助解小微企业融资困境——基于“长尾理论”分析［J］．征信，2014，32（3）：5-7.

［124］王琰，朱小栋．奖励型众筹项目成功的影响因素研究——以“众筹网”为例［J］．管理现代化，2016，36（5）：3.

［125］王轶昕．互联网金融与商业银行融合的中小企业融资研究［J］．技术经济与管理研究，2017（2）：77-81.

［126］王众托．知识系统工程［M］．北京：科学出版社，2004.

［127］魏琼，吕金蓬．知识产权互联网质押融资的风险及其法律规制［J］．新金融，2017（6）：53-57.

［128］吴昊，杨济时．小微企业融资支持方向——基于第三方电商平台的商业银行融资策略［J］．财经问题研究，2015（4）：47-53.

[129] 吴家曦．中小企业成长影响因素研究——以浙江为例［J］．浙江社会科学，2015（11）：145-151，155，161.

[130] 吴清林．警惕互联网金融沦为非法融资的“帮凶”［J］．人民论坛，2017（31）：114-115.

[131] 吴睿，邓金堂．互联网+供应链金融：中小企业融资新思路［J］．企业经济，2018，37（2）：108-114.

[132] 吴小瑾．基于社会资本视角的中小企业集群融资机制研究［D］．长沙：中南大学，2008.

[133] 吴兆明．基于产业集群的江苏中小企业转型升级的策略研究［J］．科技管理研究，2013（22）：172-175.

[134] 谢平，邹传伟，刘海二．互联网金融模式研究［J］．金融研究，2012（12）：11-22.

[135] 徐洁，隗斌贤，揭筱纹．互联网金融与小微企业融资模式创新研究［J］．商业经济与管理，2014（4）：92-96.

[136] 徐韶华，何日贵，兰王盛，等．众筹网络融资风险与监管研究［J］．浙江金融，2014（10）：6.

[137] 徐细雄，林丁健．基于互联网金融的小微企业融资模式创新研究［J］．经济体制改革，2014（6）：144-148.

[138] 许国栋，李心丹．风险管理理论综述及发展［J］．北方经贸，2001（6）：40-41.

[139] 许清森．论 MM 理论在中国的适用性［J］．现代经济信息，2009（23）：11.

[140] 亚当·斯密．国民财富的性质和原因的研究［M］．郭大力，王亚南，译．北京：商务印书馆，2004.

[141] 严复海，党星，颜文虎．风险管理发展历程和趋势综述［J］．管理现代化，2007（2）：30-33.

[142] 杨波，冯悦旋．小微企业成长的影响因素及关键环节研究［J］．价值工程，2015，34（24）：248-249.

[143] 杨春，蔡翔．小微企业的界定及划型标准研究［J］．技术经济与管

理研究，2016（5）：50-54.

［144］杨静．基于代理成本理论的代理问题对我国上市公司融资行为的影响分析［J］．中国管理信息化，2012，15（10）：12-15.

［145］杨旻，南晓芳．基于普惠目标的中小微企业互联网融资研究［J］．财会通讯，2015（35）：14-16.

［146］杨楠．河南省科技型小微企业成长的影响因素及对策［J］．管理工程师，2016，21（4）：22-24.

［147］杨青，吴娟．论技术创新的企业集群效应［J］．商业研究，2006（16）：111-114.

［148］姚耀军，董钢锋．中小银行发展与中小企业融资约束——新结构经济学最优金融结构理论视角下的经验研究［J］．财经研究，2014，40（1）：11.

［149］叶梦琪．小微企业使用互联网金融融资现状分析及建议——基于TAM 模型［J］．财会月刊，2015（26）：98-101.

［150］叶峥，郑健壮．集群企业网络特征与创业行为：基于创业能力的实证研究［J］．科研管理，2014，35（1）：58-65.

［151］尹丹莉．我国中小企业融资问题研究［D］．天津：天津财经大学，2009.

［152］尹亭，王学武，杜琰琰．商业银行科技金融供给侧结构性改革研究——风险收益结构的视角［J］．新金融，2016（8）：4.

［153］尹振涛．互联网融资租赁的业务模式、风险防范与发展建议［J］．农村金融研究，2015（12）：21-25.

［154］于洋．中国小微企业融资问题研究［D］．大连：东北财经大学，2013.

［155］于洋．中国小微企业融资问题研究［D］．长春：吉林大学，2013.

［156］余薇，秦英．互联网金融背景下小微企业融资模式研究［J］．企业经济，2014，33（12）：151-154.

［157］岳彩申．互联网时代民间融资法律规制的新问题［J］．政法论丛，2014（3）：3-10.

［158］曾玉玲．小微企业融资瓶颈与解决途径探析［J］．金融教学与研究，

2012（1）：44-45，74.

［159］张昌彩．企业融资结构与资本市场发展［J］．管理世界，1998（3）：3-5.

［160］张琛，王君彩．互联网金融信号显示、融资价格与风险水平——基于P2P 网贷平台的经验证据［J］．价格理论与实践，2016（8）：121-124.

［161］张靖．小微企业成长发展影响因素评价分析——基于浙江省台州市企业的调研［J］．生产力研究，2014（11）：5，14-16，21.

［162］张红英，赵丹．政治关系、内部控制缺陷与信贷约束——基于民营上市公司的经验证据［J］．财经论丛，2017（4）：11.

［163］张岭，张胜．互联网金融支持小微企业融资模式研究［J］．科技管理研究，2015，35（17）：114-118.

［164］张宁宁，段洪波，付鸿雁．代理理论下我国公司资本结构研究［J］．商业时代，2012（15）：72-73.

［165］张庆．资本结构控制权理论比较研究［J］．会计之友（上旬刊），2010（5）：30-31.

［166］张英杰．互联网众筹风险分析与矫正策略研究［J］．改革与战略，2016，32（9）：59-61，150.

［167］张英杰．科技型中小企业互联网众筹融资现状及对策——基于浙江省的实证分析［J］．中国科技论坛，2017（1）：82-87.

［168］张玉明．小微企业互联网金融融资模式研究［J］．会计之友，2014（18）：2-5.

［169］张玉明，等．中小型科技企业成长机制［M］．北京：经济科学出版社，2010.

［170］张玉明，王洪生．CAS 视角下的互联网金融特征及运作机制研究［J］．山东大学学报（哲学社会科学版），2014（5）：23-32.

［171］张玉明，王子菁，张正．缓解小微企业融资困境的对策研究——基于网络融资模式分析［J］．价格理论与实践，2015（11）：106-108.

［172］张元教．上市公司融资结构与公司治理［D］．南京：河海大学，2004.

［173］张兆国，高芳，何威风．资本结构控制权理论评析［J］．中南财经政法大学学报，2006（6）：115-119，144.

［174］章更生．金融科技破解小微融资难题［J］．中国金融，2018（21）：16-18.

［175］赵驰，周勤，汪建．信用倾向、融资约束与中小企业成长——基于长三角工业企业的实证［J］．中国工业经济，2012（9）：12.

［176］赵亚明，卫红江．突破小微企业融资困境的对策探讨［J］．经济纵横，2012（11）：56-59.

［177］郑海超，黄宇梦，王涛，等．创新项目股权众筹融资绩效的影响因素研究［J］．中国软科学，2015（1）：9.

［178］郑文莉，彭革，郑俊．小微企业融资担保创新及风险防控［J］．新金融，2019（4）：39-42.

［179］郑宇．吉林省小微企业融资对策研究［D］．长春：吉林大学，2013.

［180］钟幼茶．中小企业成长模式、主要障碍与提升途径［D］．杭州：浙江工业大学，2008.

［181］仲春梅．网络环境下民营中小企业融资新途径［J］．才智，2010（30）：2.

［182］周建斌．互联网下的小微融资模式［J］．中国金融，2015（20）：67-68.

［183］周凯，史燕平．我国互联网融资租赁业务模式研究［J］．管理现代化，2016，36（6）：10-12.

［184］周凯，史燕平，李虹含．论互联网融资租赁：发展、机理与模式创新［J］．现代管理科学，2016（7）：9-11.

［185］周亮，刘黎一帆．互联网金融背景下小微企业融资问题研究［J］．会计之友，2020（12）：43-47.

［186］周明明，王俊芹，王余丁．互联网金融视角下新型农业经营主体的融资模式研究［J］．农村金融研究，2016（8）：73-76.

［187］周晓虎．资本结构理论研究回顾与评价［J］．财会通讯，2009（8）：58-59.

[188] 朱坤林．中小企业融资理论综述 [J]．商业研究，2011 (5)：36-42.

[189] Agarwal S, Hauswald R. Distance and Private Information in Lending [J]. Review of Financial Studies, 2010, 23 (7): 2757-2788.

[190] Bachmann A, Becker A, Buerckner D, et al. Online Peer-to-peer Lending—A Literature Review [J]. Journal of Internet Banking & Commerce, 2011, 16 (2): 2-18.

[191] Berger S C, Gleisner F. Emergence of Financial Intermediaries in Electronic Markets: The Case of Online P2P Lending [J]. Business Research, 2009, 2 (1): 39-65.

[192] Bjorn T, Asheim, Isaksen A. Regional Innovation Systems: The Integration of Local "Sticky" and Global "Ubiquitous" Knowledge [J]. Journal of Technology Transfer, 2002, 27 (1): 77-86.

[193] Cassar G, Ittner C D, Cavalluzzo K S. Alternative Information Sources and Information Asymmetry Reduction: Evidence from Small Business Debt [J]. Journal of Accounting & Economics, 2015, 59 (2-3): 242-263.

[194] C K Prahalad, Gary Hamel. The Core Competence of the Corporation [J]. Harvard Business Review, 1990, 68 (3): 79-91.

[195] Gurley John G. Book-review Financial Intermediaries in the American Economy since 1900 [J]. The Accounting Review, 1958, 33 (3): 155-156.

[196] Harkema S J M, Baets W. "Customerized" Innovation through the Emergence of Amutually Adaptive and Learning Environment [J]. European Journal of Economic & Social Systems, 2001.

[197] Magee J R. Peer-to-Peer Lending in the United States: Surviving after Dodd-Frank [J]. N. C. Banking Inst., 2011: 139-145.

[198] Michael Peneder. Technological Regimes and the Variety of Innovation Behaviour: Creating Integrated Taxonomies of Firms and Sectors [J]. Research Policy, 2010, 39 (3): 323-334.

[199] Michael Peneder. The Impact of Venture Capital on Innovation Behaviour

and Firm Growth [J] . Venture Capital, 2010, 12 (2): 83-107.

[200] Mollick E. The Dynamics of Crowdfunding: An Exploratory Study [J] . Journal of Business Venturing, 2014, 29 (1): 1-16.

[201] Penrose E T. The Theory of the Growth of the Firm [M] . Oxford: Oxford University Press, 1959.

[202] Plott C R. Markets as Information Gathering Tools [J] . Southern Economic Journal, 2000, 67 (1): 1-15.

[203] Puro L, Teich J E, Wallenius H, et al. Bidding Strategies for Real-life Small Loan Auctions [J] . Decision Support Systems, 2011, 51 (1): 31-41.

[204] Rullani E. The Industrial Clusterasa Complex Adaptive System [M] . Complexity and Industrial Clusters, 2002: 35-61.

[205] Robert C. Merton, Zvi Bodie. Deposit Insurance Reform: A Functional Approach [C] // Carnegie-Rochester Conference Series on Public Policy, 1993.

[206] Robert C. Merton, Zvi Bodie. Reply to Benston and Kaufman [C] // Carnegie-Rochester Conference Series on Public Policy, 1993.

[207] Silvestro, Rhian, Lustrato, Paola. Integrating Financial and Physical Supply Chains: The Role of Banks in Enabling Supply Chain Integration [J] . International Journal of Operations & Production Management, 2014, 34 (3): 298-324.

[208] Sol J, Beers P J, Wals A E J. Social Learning in Regional Innovation Networks: Trust, Commitment and Reframe in Gasemergent Properties of Interaction [J] . Journal of Cleaner Production, 2013, 49 (6): 35-43.

附录1　小微企业网络融资风险调查问卷

尊敬的领导：

您好！本人主持国家社会科学基金项目“小微企业成长中的网络融资风险及策略研究”（课题编号：16BJY170），为分析小微企业网络融资风险要素，我们设计了本问卷，请您抽出宝贵时间进行填答，您的填答对本研究具有重要意义。能力有限，可能存在缺陷，如有异议请您赐教。对您的大力支持表示衷心感谢！

第一部分　基本信息调查

1. 企业名称____________________
2. 企业地址____________________
3. 企业性质：

A. 国有　　B. 集体　　C. 私营　　D. 有限责任

E. 股份合作　　F. 股份有限　　G. 外资

4. 发展阶段__________

A. 创立期　　B. 成长期　　C. 成熟期　　D. 其他

5. 企业规模__________

A. 50人以下　　B. 50~100人　　C. 100~150人　　D. 150人以上

第二部分　网络融资风险要素评价部分

网络融资能帮助缓解科技型小微企业的资金压力。以下是对网络融资特征的一些描述，请根据您的真实情况，判断各个描述与您的符合程度，符合程度分为七个等级，并按照符合程度的大小进行赋值，即“1. 非常不符合；2. 很不符合；3. 不符合；4. 一般；5. 符合；6. 比较符合；7. 非常符合”7 层。请在您的选择下面打“√”。

题项		非常不符合	很不符合	不符合	一般	符合	比较符合	非常符合
1	花费大量投入进行调研	1	2	3	4	5	6	7
2	进行可能的风险分析	1	2	3	4	5	6	7
3	企业治理助于企业成长	1	2	3	4	5	6	7
4	企业属技术人才密集型	1	2	3	4	5	6	7
5	企业知识管理体系完善	1	2	3	4	5	6	7
6	能否满足企业融资需求	1	2	3	4	5	6	7
7	融资资金到账时间快速	1	2	3	4	5	6	7
8	网络融资成本是否高于银行贷款	1	2		4	5	6	7
9	平均融资成本过高	1	2	3	4	5	6	7
10	关注融资平台对借款方的审核程序	1	2	3	4	5	6	7
11	获取贷款项目审核情况	1	2	3	4	5	6	7
12	平台能保护好企业信息及项目信息	1	2	3	4	5	6	7
13	融资平台规模较大	1	2	3	4	5	6	7
14	关注担保机构担保资格	1	2	3	4	5	6	7
15	关注融资平台与担保机构是否存在联系	1	2	3	4	5	6	7
16	关注第三方支付平台资质	1	2	3	4	5	6	7
17	政策法律环境完善程度	1	2	3	4	5	6	7
18	政策法律能很好地保护企业知识产权	1	2	3	4	5	6	7
19	关注网络融资监管程序	1	2	3	4	5	6	7
20	重视企业信用信息维护	1	2	3	4	5	6	7
21	不同融资平台差异较高	1	2	3	4	5	6	7

续表

题项		非常不符合	很不符合	不符合	一般	符合	比较符合	非常符合
22	不同融资平台宣传信息	1	2	3	4	5	6	7
23	关注融资平台金融资质	1	2	3	4	5	6	7
24	融资平台更替较快	1	2	3	4	5	6	7
25	融资平台加入自律组织	1	2	3	4	5	6	7

问卷到此结束，再次感谢您的支持与帮助！

附录 2　小微企业网络融资风险评价指标体系调查问卷

尊敬的专家、领导：

您好！本人主持国家社会科学基金项目“小微企业成长中的网络融资风险及策略研究”（课题编号：16BJY170），为分析小微企业网络融资风险要素，我们设计了本问卷，请您抽出宝贵时间进行填答，您的填答对本研究具有重要意义。能力有限，可能存在缺陷，如有异议请您赐教。对您的大力支持表示衷心感谢！

填表说明：

附表 1　指标相对重要性标定标准

两因素相对重要性比较	很重要	比较重要	稍显重要	同等重要	稍不重要	较不重要	不重要
标定值	7	5	3	1	1/3	1/5	1/7

附表 1 中横、竖表头中是按照相同顺序排列的危机指标，第一行第一列为该层指标的目标项。您所填写的值应当是所对应的列指标相对于行指标的重要性。

例如，在附表 2 中的第二行第一列您填写了 7，就表明您认为“政策法律环境”比“行业市场环境”对形成网络融资风险“重要得多”。可见上三角矩阵的值与下三角矩阵的值一一对应地互为倒数，对角线上的值为 1。因此，您只需按照附表 1 的相对重要性标定标准填写下三角矩阵即可（本问卷是开放式问卷，如有异议可不填写。为使您对指标体系有一个全面把握从而更准确地做出判断，将指标体系整体列出，见附表 3。

附表 2　指标相对重要性标定值矩阵

a. 影响小微网络融资风险评价要素

网络融资风险	政策法律风险	市场风险	贷款风险	借款风险	融资平台
政策法律风险					
市场风险					
贷款风险					
借款风险					
融资平台风险					

b. 影响政策法律风险因素

政策法律风险	法律完备性	监管完善性
法律完备性		
监管完善性		

c. 影响行业市场风险因素

行业市场风险	行业规范统一性	市场信号真实性
行业规范统一性		
市场信号真实性		

d. 影响贷款方风险因素

贷款方风险	项目决策可行性	项目决策合理性
项目决策可行性		
项目决策合理性		

e. 影响借款方风险因素

借款方风险	投资人参与程度	利益分配情况	投资动机
投资人参与程度			
利益分配情况			
投资动机			

f. 影响网络融资平台风险因素

网络融资平台风险	平台信用	网络技术	担保合规	利益相关	资金安全
平台信用					
网络技术					
担保合规					
利益相关					
资金安全					

附表 3 小微企业网络融资风险评价指标体系

研究对象	一级指标	风险程度打分	二级指标	风险程度
小微企业网络融资风险	贷款方风险		项目决策可行性	
			项目执行合理性	
	借款方风险		投资人参与程度	
			利益分配程度	
			投资动机	
	融资平台风险		平台信用程度	
			网络技术程度	
			平台管理合理性	
			担保合规性	
			利益相关性	
			资金安全性	
	政策法律风险		法律完备性	
			监管完善性	
			征信体系健全性	
	行业市场风险		行业规范统一性	
			市场信号真实性	
			行业准入标准明确性	
			行业退出机制完善性	
			行业自律组织成熟性	

注：7 表示风险很高，6 表示风险较高，5 表示风险一般，4 表示风险较低，3 表示风险很低，2 表示风险非常低，1 表示无风险。

后 记

本书是在我主持的国家社会科学基金一般项目（项目编号：16BJY170）《小微企业成长中的网络融资风险及策略研究》基础上形成的。从题目的策划、出版的沟通、资料和案例的搜集，再到各种理论模型的创意设计和填充，每一项工作都要投入大量的智慧和精力。

参与本书写作的还有齐鲁工业大学（山东省科学院）管理学院赵海燕教授、刘德胜教授、周红根副教授、李凤莲副教授，齐鲁工业大学（山东省科学院）工商管理学院的硕士研究生徐宁同学、姚帏之同学、杨丽丽同学、郑晓龙同学等。他们在本书的研究设计、实地调研和著作部分章节的撰写中都付出了辛苦的努力并给予了成果的支撑！他们的支持、帮助既是本书得已完稿的重要保证，又是今后做好科研工作的不竭动力，在此一并向他们的辛苦付出表示由衷感谢。

同时，本书的出版也得到了山东大学管理学院张玉明教授、青岛农业大学经济管理学院（合作社学院）院长李敬锁教授的大力支持，同时也得到了经济管理出版社高娅老师的积极帮助，在此一并向他们表示感谢。

父母、妻子和同事们始终对我的事业倍加关心，正是他们的倾力支持，使我无后顾之忧，如期完成了写作，我由衷地感谢他们！

陈加奎

2022 年 9 月